普拉納課程

THE PRANA PROGRAM

食氣三部曲

EFFECTIVE & ENJOYABLE EVOLUTION

2

潔絲慕音 *Jasmuheen* —— 著　繆靜芬 —— 譯

獻給世間的孩子們，
願我們在探索生命的微食物之際，
全都得到需要的滋養。

作者序——

愉快而有效的進化歷程

二〇〇五年再度環遊世界之際，我感覺到全球能量場正在改變，以此回應地球上人類之間日益擴展的意識。每天我都得到指引要寫作，聚焦在「普拉納神性養分」議題，創作一本基本的問答式書籍。

雖然有些問題已在之前的著作中回答過了，但似乎始終有新的資訊要新增，也要抱持更簡單的新觀點。我還發現，隨著時間的推移和自己意識的擴展，我在更深的層次理解事物——尤其當我不斷探索自己的潛能並聽從內在指引時。此外，從最初的實證研究至今，我們已持續了十二個年頭，這個實相目前已牢牢地錨定在形態生成場中，使得這條途徑和取用程序變得更加強大且容易利用，尤其我們的理解現在更常得到場域科學的驅動，不只是得到愛、信心與信任等深奧法則的驅動。

我再次體認到普拉納遊戲的更大視界，以及它可以如何改變人類的未來，此時，「愉快而有效的進化」這個標題流入我腦海，因為我們愈是增加流經體內的普拉納，就會變得愈健康、愈快樂。此外，我們也可以提升自己找到完美解答的能力，藉此解決人世間的許多挑戰。

意識到二〇〇五年底，即將與維也納一群對第三世界救援計畫超級積極的人士會面，我領悟到，該從「無限的愛和智能的宇宙場」下載更加實用的普拉納課程，作為第三世界國家的滋養品。幸好，隨著時間的遞移，更多的西方人士選擇以此方式得到滋養，於是，我們的途徑變得更容易分享，工具變得更容易應用。我觀賞了英國國家廣播公司BBC製作的一支紀錄片，報導衣索比亞境內因營養不良與飢荒導致的貧窮和死亡，然後有個內在聲音告訴我，該把我們的所有研究彙整成一份比較簡單、實用的課程，同時運用我的政治關係，將這份課程建置到全球需要的地方。

有些人可能會說，這些國家的人民基於自己的業力學習，選擇誕生在這些環境中，雖然對我們全體而言，這樣的說法恆真，但這並不代表，在我們完成個人的進化之路時，基本人權需要被忽略掉。讓部分人類享受到更有效的進化，其實是要我們學習以更加支持與慈悲的方式，統合與分配（肉體、情緒體、心智體和靈性體的）資源。

分享我們對普拉納力量的理解，將有助於推動此事。

此外，不只是第三世界國家需要「普拉納課程」的教育，因為我們在《眾神的食物》（*The Food of Gods*）之中分享過，每一個人都飢渴著某樣東西，不論是愛、健康、財富、熱情、人生目的、個人平靜與行星和平甚或是開悟等。就這些欲望而言，人類是相同的，然而我們的西方教育制度，卻鮮少教導我們如何有效、和諧、永久地滿足我們的一切飢渴。過去四十年來，我進行實證性形上研究，只找到了一種可以滿足所有人類飢渴的方法，那就是，增加我們可以吸引到、保有、然後透過自己放射並進入世界的普拉納的水平。藉由此法，出現了最驚人的意外禮物快取區，尤其是當我更加了解到生命的微食物是怎麼一回事。

回顧過去十年，包括我們因普拉納課程達到的成就，以及當初為什麼要將它公開，我領悟到，此舉始終是為了孩子們。孩子們不必要地死於飢餓相關的疾病，這層理解從我小時候就一直激怒我，考慮到我們在人世間擁有的資源，這點似乎是可以修復的。最近，我的態度是，如果無法仰賴政府更成功地對治這個問題，那麼我們可以改而仰賴人類的基本資源和基層教育，這類教育允許我們使用替代性方法來對治這個問題——例如「普拉納課程」。或許，就是孩提時代的惱怒，賜給我繼續參與這場遊戲的精力。在《禮物》（*The Present*）這本書裡，作者史賓賽．強森（Spencer Johnson）鼓勵我們，如果想要比今天更亮麗，就不只要從過去學習，更要享受當下並聚焦在當下，而且要為將來計畫，這正是「普拉納課程」探討的重點——創造一個更亮麗的未來，只因為我們辦得到。

過去十年來，我聽到也回答了許許多多關於「普拉納課程」的問題，因此，在這本書中，我們將試著分享這一切，不但把問題分類成特殊的關注領域，更希望驅散某些謠言（這些謠言是我在穿越這條個人發現的普拉納滋養力量之路多年間產生的）。

我們還囊括了如何在第三世界國家使用「普拉納課程」的方法，以及不論住在哪裡，只要在生活中照著做，個人就可以獲得的好處。雖然我們的焦點主要放在回答常見問題，但不同於我們的其他著作，這並不是一本會提供深度方法的書。儘管如此，在專為第三世界國家撰寫的最後一部分中，我會試著提出我目前所知最簡單的「方法」程序。我們相信，讀者一定會喜歡我們的研究結果，凡是重複出現的答案，都只是為了詳述某個重點，或是為了新增某個不一樣或更加擴大的視角。

第一章

為什麼我們都需要神性養分普拉納？

生命的微食物

問：你所謂進化的定義是什麼？

答：通常，「進化」（evolution）是指任何隨時間而改變的過程。以生命科學為背景，進化是在某個物種之內，個體之間的雜交造成某族群基因組成的改變。自從一九四〇年代現代基因學出現開始，「進化」一直被更具體地定義成，隔代傳承之間等位基因頻率的改變（來自父母雙方的同一組基因，在染色體上占據某個既定的位點，同一組基因有若干的替代形式，而一個等位基因，是指這其中的任何一個基因）。❶

注❶：引用自http://www.wordiq.com/definition/Evolution

問：對於愉快而有效的進化，你的定義是什麼？

答：以有效的方式進化，意謂著在不破壞大自然資源平衡的情況下，與各界（包括動物界、植物界、人類，甚至是礦物界）和諧共存的進化過程。當我們了解，每一個存有都是整體的一部分，因為我們全是交互連結的，每一個存在都會影響我們的道路，這時，上述的進化過程就會發生。舉例來說，集體忽視貧窮與苦難，以及我們提供基本人權的能力，就會限制全球三分之二人口享受人類進化的樂趣。當我們體認到這份交互連結的狀態，且以一個和諧的整體運作時，我們就會擁有不但有效而且更加愉快的進化之路，因為和諧運作的能力是文明世界的標誌。

就個別而言，有效而愉快的進化可以藉由個人的健康與快樂層次加以量測，這些層次鏡映出我們在肉體、情緒、心智與靈性上的安康程度。

問：今天我們的世界似乎有許多的苦難，「普拉納課程」要如何改變這點，才能讓我們不論就個別或整個物種而言，都擁有更加愉快而有效的進化？

答：透過教育，我們可以啟發人們增加流經自己本體內的普拉納，這可以改變個人的共振，以及宇宙對當事人的回應方式。普拉納課程談的是，精確掌握我們內在與周圍的能量流，好讓我們可以有意識地為全體創造出，提供更大健康與快樂層次的當下與未來。

認識普拉納

問：什麼是普拉納？

答：又名生命的微食物（microfood）。「是人體必不可少的氣，或是氣息，如同印度教中所觀想到的，它也可以被詮釋成個體和宇宙維持生命的重要原動力。最早的詳細解說來自《優婆尼沙經》（*Upanishad*，又稱《奧義書》），認為普拉納屬於世俗物質界域的一部分，它供養身體，依賴心靈。普拉納遍布所有的生命形式，但它本身並不是靈魂。」❷

問：普拉納滋養到底是什麼？它如何運作？源自什麼地方？什麼時候？

答：以普拉納作為滋養品的概念從太古之初就已存在。記載宇宙心靈的阿卡莎紀錄（Akashic records）分享說，曾有一段時間，眾生皆從普拉納原力得到供養。普拉納滋

注❷：引用自 http://www.wordiq.com/dictionary.html

養是指有能力從宇宙生命原力（又名「宇宙粒子」或是「氣」），吸收到一個人需要的所有營養素、維他命與滋養品，以求維持健康。

修煉此法的人不需要從實體食物攝取營養，而且修煉者還發現，基於普拉納流動的特性，增加流經體內的普拉納，不僅可以在肉體上得到餵養，更在情緒、心智與靈性上得到餵養。以此方式得到餵養，使當事人享有更有效而愉快的進化，至於原因，我將會囊括在本書中。

問：在西方，我們已經開始體認到，普拉納是肉體的一種替代性食物來源，它如何在其他層次上餵養我們？

答：當我們增加內在純淨普拉納的流動時，它會滿溢整個身心系統，轉化人類生物系統運作的限制性面向，從而讓個人得以開展自然但通常蟄伏的能力。這些能力的啟動活化提供我們情緒、心智與靈性上的滋養。

問：這些「自然但蟄伏的能力」到底是些什麼？

答：人類的系統很複雜，目前使用的腦部區域相當有限，那部分是在人世間生存所需要的。靈學可以教導我們如何取用自己天生的靈視力、靈聽力、超覺知力，以及如何利用大腦的其他部分，根據神經神學（neuro-theology）的說法，只要一個人擴展他的意識，同時將自己的腦波錨定在不一樣的行為模式裡，它便可連線，傳遞各種可能看來超自然但其實是自然的經驗。

問：為什麼這些能力的啟動活化，會使人類的進化變得更有效、更愉快？

答：這些能力的啟動活化，將會孕育出更有愛心、更加慈悲且更為覺知的物種，這些人將基於整體的利益而行動，他們將會較少被受限的小我觀點以及貪婪和權力的範型所驅動。目前，地球百分之九十五的資源被百分之五的人所操控，大約一半的地球人每天依靠不到兩美元維生，處在非常受限的條件裡，難以取得健康的食物、像樣的住所，或是可以教導他們如何打破貧窮循環的教育課程。每一個物種的進化都會來到一個點，在此，這些課題需要有效而和諧地得到解決，而且在人類精益求精的過程中，這個程序只是自然而然的一部分。

問：一個人需要成為靈修者，才能更有效地調動或利用普拉納原力來因應進化的過程嗎？

答：不是，但我們需要知道如何創造心智的實相模型，讓我們得以體認到普拉納的流動、對它敞開且有意識地與它合作。當我們了解到，宇宙法則是創造幕後的更高法則，尤其是說明同類相吸的「共振法則」（Law of Resonance）時，這現象會更強而有力且更輕而易舉地發生。靈學純粹是了解生命的科學，我們還需要有效、實用、簡單的工具，以求協調我們內在與外在的能量流，從而實現許多的個人與全球效益。

問：為什麼增強內在普拉納的流動是達成更有效進化的答案？

答：基本上，這會刺激我們內在釋放更高的智能。普拉納由形形色色的面向構成，其中有些是無形的數學編碼，用以驅動並操作有形物質以及一切受造物。當內在的普拉納流動增強時，那會刺激我們內在同樣蟄伏的數學編碼覺醒，從而提供我們更清晰、更宏大的洞見，明白我們存在的目的，以及身為創造者，我們擁有什麼樣的抉擇。增加普拉納在我們內在的流動，讓我們得以從不同的觀點感知人生，因為那可以擴展我們的覺知，啟動活化我們的主要腺體——腦下垂體與松果體——並以不同的方式刺激它們。這些腺體也會將我們的腦波模式調節至貝塔波（Beta）、阿法波（Alpha）、西塔波（Theta）或德爾塔波（Delta）頻率。

問：創造更正向的人類進化週期和腦波模式有關嗎？

答：絕對是。研究已經證實，保有阿法波腦波模式使我們較無壓力且更健康，而且這是透過修煉瑜伽、靜心、正向思考等等達成的。我們的研究已經發現，當我們可以將自己的腦波模式穩定在西塔波區段時，這會磁吸更多的普拉納來到我們面前，因為感知到人體極限而為我們帶來更大的自由。

問：如果普拉納提供所有生命的建構要素，那豈不是每一個人都已經仰賴普拉納維生了？

答：是的，但在西方我們還沒有被培訓成懂得欣賞普拉納的所有屬性及其好處，那些只有在我們有意識地增強內在普拉納的流動時，才可能經驗到。

問：到底普拉納與更愉快的進化有什麼關聯？

答：首先，我們愈是了解自己的真實本性，就會愈快樂，我們的真實本質或本性是一片純淨的普拉納，有能力保持不受到心智／小我／文化制約的污染，儘管它可能實力遭到稀釋，實際表現被這些東西削弱了。

普拉納是可以在所有層次上餵養我們的唯一滋養形式，因為它超越了我們的宗教與文化概念。它是人類共同的連繫，增加它的流動會消滅分離、孤寂、挫折、恐懼、無知的感覺，從而使人生變得更加愉快。

普拉納其實可以被感覺成內在的愛的脈動，因此，增加它的流動可以增加我們愛自己和愛他人的體驗。普拉納的能量可以被用來進行自我療癒、蛻變、增進我們的直覺能力，而增加內在與外在普拉納的流動，可以幫助我們消除所有肉體、情緒體、心智體與靈性體的毒性和污染。普拉納的流動愈不被稀釋，我們就會在日常生活中經驗到愈多的魔法、驚奇、同步性（synchronicity）與恩典。

問：你經常談到，增強流經身體的普拉納，可以取得某些個人與全球的效益，也可以正向地影響人類進化的路線，這麼說到底是什麼意思？

答：普拉納是所有細胞的基礎頻率，它將生命賜給所有的分子與原子結構，不過，當我們的細胞因人生經驗而儲存心智與情緒的印記時，有時候可能會遭到情緒與心智毒性的污染，致使普拉納的流量被稀釋。這導致系統之內的不快樂與疾病，終至系統崩壞並死亡。藉由有意識地增加普拉納的流動（因為它是具有蛻變力量的純淨能量），我們可以重新校準自己的細胞，使之回歸到更具支援作用的頻率，從而提高自我生命的質與量。

問：為什麼一個人會想要增強其體內的普拉納流動？

答：一旦了解到這麼做有什麼好處，就會成為存活在人世間的一種迷人方式，也促使我們個人與全球的進化過程不僅更有效力，而且更加愉快。之前簡述過，這些好處包括在肉體、情緒、心智與靈性層次上消解所有的疾病，將全人類統合成更加和諧且相互尊重的共存狀態，同時消滅我們星球上的所有污染。

進化、揚升與開悟的過程

問：有些人可能會說，為了經驗到更加有效而愉快的進化，每一個人都需要變得更開悟些。這是普拉納課程的範疇嗎？

答：絕對是。開悟的一個定義是充滿光。光具有愛與智慧的自然面向。開悟狀態是要覺知到我們真實本性的這些面向同時實地示範。有意識地以純淨的普拉納滿溢我們的系統，我們就可以（如前所述）啟動活化自我本性的面向，這些有能力引導我們做出明智而有愛的抉擇，就是被光充滿的標誌。

注意到這點很重要：在某個層次上，並沒有像開悟這樣的事情，因為我們始終可以增加自己處理更多光的能耐，因此，開悟並不是一個目的地，而是一趟持續的旅程。

問：根據你談論「普拉納課程」的第一本著作《來自普拉納的滋養——新千禧世紀的身體養分》（*Pranic Nourishment – Nutrition for the New Millennium*，又名《以光維生》〈*Living on Light*〉），你自己最初是因為對揚升有興趣而受到普拉納課程的吸引，能否針對這點發表意見？

答：雖然我時常被認為是普拉納滋養的倡導人——倡導不再需要攝取實體食物，但一開始，我根本對普拉納沒興趣，儘管我深知普拉納課程的這個面向與世界健康和全球飢餓課題息息相關。不過在我人生的那個時候，也就是一九九〇年代初期，我比較關注其所帶來的愛與智慧的經驗，可以如何增加內在的光指數（light quotient）。我的動機是盡可能成為最佳的人類版本，那意謂著，成為一個經驗到並放射出愛與智慧的人。當我們增強這股愛的流動的放射程度時，它就可以在肉體上餵養我們。當時，這個事實對我來說是既渺小又不重要的紅利。

問：可以談談揚升嗎？

答：揚升不再是我關注的焦點，因為我們是依據造物主的形象被打造得完美無缺——我們只是忘了如何表現出自己本來的模樣。我們現在正忙著落實一份服務藍圖，因此當前的焦點會集中在比較實際的事情上，例如，我們每一個人都既快樂又健康嗎？我們的生命中有許多的愛嗎？我們每一個人生活的方式會提開這顆星球的品質嗎？還是會造成永久的分裂與混亂？

許多年來，我們的焦點一直放在生活型態工具——該做些什麼事，才能讓情緒體、心智體、肉體、靈性體健美起來。當我們在所有層次都健美時，就等於生存在一座個人的樂園中，而全球的樂園便由此自然而然地流入。揚升與開悟只是這個配套措施的一個面向，若要實際經驗到這些事物，我們需要完美地調至內在神性自我（Divine One Within，簡稱DOW）的頻率管道，而我們的內在神性自我很愛我們，愛到賦予我們生命的氣息。

問：你在回答時經常談到「我們」，你所說的「我們」，指的是什麼？

答：「我們」是光和愛的存有，我在內在與外在層面與其合作。這些高靈致力於在地球上進行正向的意識擴展，以及分享「普拉納課程」的好處。

問：神祕圈內有這樣的說法，人類目前處在十字路口上，可以透過——重新覺醒到自己的真實本性和經驗到與生俱來的天賦，選擇愉快的進化之路，也可能走上有些靈修者認為源自於忽略真實本性而造成的混亂之路。你可以針對這點發表意見嗎？以及為

什麼「普拉納課程」與這個選擇有關？

答：全人教育是要了解到，人類的生物系統是以整體（肉體、情緒體、心智體、靈性體）的方式運作。為了做出明智的抉擇，我們需要充分了解情況，明白人類的潛力和能耐。我們已經見識到，只從有限的心智觀點運作，不利用我們更高層、更精微的直覺本性，那會帶來什麼樣的結果——這造成了一個讓許多人活在恐懼中，而且恐怖活動與戰爭層出不窮的世界。

這世界早就看見，當我們試著探討人類本體（being）的靈性面向時，分裂就會出現，因為宗教教義往往促成分離，所以在許多圈子裡，很少討論宗教與政治，因為這類話題本身具有分裂的特性，即使許多人相信，宗教信仰是個人的且神聖的。儘管如此，我們還是無法繼續忽略全人教育，因此需要找到探討靈性的方式，且在執行時不涉及宗教，也就是不挑戰人們神聖信仰的聖潔。

對許多人來說，探討靈性的最佳辦法一直是，透過研究靈性與生命科學的「形上學」（metaphysics），以及憑藉經驗學習共振與能量場。增加普拉納的流動只是重新導引內在與外在能量的方法，好從宇宙場與內在建立起不同的反應。當減少或稀釋普拉納的流動時，我們經驗到疾病與混亂；當增強普拉納的流動時，我們經驗到和諧、健康、和平與圓滿俱足。

問：雖然你在二〇〇六年世界巡迴演說期間以及《普拉納課程》一書從頭到尾，都曾討論到許多普拉納課程的好處，但普拉納課程可以為我們這個進化中的物種帶來的最大禮物是什麼？

答：普拉納課程可以為我們帶來的最大禮物是，一條明確的途徑，以及支援創造和平、和諧世界的能量，而且是用最少的努力、藉恩典的能量達成，因為這麼做可以提升我們的ＥＱ——情緒智商。

問：可以進一步說明恩典嗎？

答：「恩典」是經過普拉納的流動調節的能量。普拉納的流動愈是強烈或純淨，加上愈少用我們原本具有的毒性去稀釋它，就愈能將恩典磁吸到自己的能量場。恩典為我們的存在帶來奇蹟、魔法、同步性，以及最少的努力，因為它的表現就像波浪，讓我們得以乘浪穿越人生的各個場域，帶著輕易與喜悅，以及一種這樣子才對的感覺。根據牛津字典的說法，「恩典」是神無條件賜予的恩惠，讓人具有如神一般再生、啟發、增強的影響力。

問：印度的瑜伽士說，恩典無法被捕捉，它會在準備好的時候降臨在該降臨的人身上。你發現的是什麼？

答：雖然這在本質上是真實的，但一個人可以——經由生活型態的選擇——將自己的頻率調至與恩典同樣的共振場，這就好比把自己置放在恩典流動的宇宙高速公路上，我們遲早可以搭上恩典之流的便車。我們的實證研究還發現了一件事，亦即一個人的焦點一旦從唯一關注的「我」轉移到「我們」範型這時，這人會更加慈悲，而且覺察到自己的行為如何影響著整體——這種人將自己的意圖設定成，以嘉惠全世界的方式行事——然後就會自動地將更多的恩典吸引到自己的場域。

問：處在什麼進化階段的人們，才會前來聆聽你的研究？

答：我習慣分成四個階段。

第一群人基本上只是好奇，其中有些人具有高度的懷疑心。

第二群人處在開始憶起自己不只是心智與身體的階段，因此，他們敞開來接納自我提升之路，而且忙著尋求去經驗自己的內在神性自我，也就是吹動他們氣息的那一個，因為他們直覺地感受到，內在神性自我握有增進自身快樂和健康的關鍵。這些人往往渴望不只經驗到恩典與同步性，並著手擴展自己的直覺力與更高的知曉。

第三群人正經驗到許多的快樂、更好的健康、更專注在服務議題以及自己的存在，對人世間造成正向的影響。他們往往透過靜心探索內在層面，將自己的意識擴展到足以了解自己的潛力。他們更常經驗到恩典與同步性，且渴求這樣的一致性。在這種狀態下，許多人開始以在次元交互的方式運作，其中有些人在此與天使界和聖哲們接觸。

第四群人健康而快樂，他們已在生活中見證到許多的同步性與魔法，而且因為感覺到完整，現在只把焦點集中在服務。你可以說，他們已經畢業了，因此不再像第一和第二群人那樣，因聖哲而相形見絀。在這種狀態下，他們往往沒什麼問題，他們了解發光放射的力量，通常與自己的內在神性自我合一，享受「存在」（Being）而非「作為」（doing）的狀態。

就我的經驗而言，第三和第四群人通常可以更全然地領會此一實相：滋養可以來自普拉納或神聖之愛（Divine Love）等其他的「無形」源頭。

問：選擇只仰賴純淨的普拉納飲食維生的人，是開悟的或特殊的嗎？

答：未必見得。重點在於，我們吸引、保有並放射——更多的愛、光和智慧的能耐會不斷擴展，而且我們愈是擴展至表現出這些屬性，就愈能從中接收到更多的禮物。要記住，同類相吸，我們愈是放射出自我神性的愛與智慧，就愈能從擔任自我意識的鏡子般宇宙場當中，吸引愛與智慧來到我們眼前。吸引足量的普拉納，成功地得到滋養並擺脫實體食物的需求，這的確需要我們活出某種生活型態，才能吸引到更多的宇宙粒子，因此，就選擇如何打發時間來說，或許我們是「特殊的」。

問：個人的進化必須達到某種特定的層次，才會對以普拉納作為一種替代性滋養品的概念感興趣，這是真的嗎？

答：在某種程度上，的確是這樣。如果我們把地球看作是一所有極限的學校，而且接受身為能量系統的個體不斷經由輪迴轉世的過程改變形相，那麼一個進化中的靈魂往往要花上好幾輩子的時間，才會停止執迷於受限的概念。據說，許多靈魂特意來到地球經驗它的極限，企圖明白擁有五感的喜悅和進食、喝水或飲酒的樂趣，還有性愛與繁殖的喜悅，以及在披上物質的衣裳時，地球提供給我們的一切。

不過，靈魂在人世間的進化過程中，也會來到直覺與知曉兩種高階感官比較活躍的時候，於是，我們不久就會渴望超越二元性與分離的感覺，再次融回，去經驗成為統一的整體的一部分。一旦靈魂學習到存在人世間他們的大部分功課，與自我真實存在的所有面向（從低層至高階），和諧整合的驅動力就會出現。

有意識地重新平衡業力牽絆、實現個人的生命藍圖與全球服務議題，於是成為著重的焦點，對地球的進化過程有正向貢獻的概念，也同樣變成焦點。帶著這類驅動力，我們發現自己更加敞開，願意經驗到自己更高階、更神性的本質，其中一項是，使我們擺脫從物質世界攝取營養的需求。當永恆的靈體擁有一段短暫的人類經驗之際，所有這一切都是自然進化週期的一部分。

問：有人說，只要處在當下片刻，放鬆，生命便如其所是的完美，那麼為什麼要試圖去改變世界？

答：對於正在尋求或是探索西塔或德爾塔腦波模式的人來說，這是有根據的洞見，但是，我們處在這個需要付出與接受的人世間。值得分享的是，運用全人教育得到的實證研究，這個教育範型隨著我們的做法而不斷進化。這種存在狀態可以改善我們的世界，讓每一個人開始看見生命的美，並感覺到每一片刻都是完美的經驗狀態。雖然就西方而言，放鬆是比較容易的，因為我們的基本需求被照顧到了，不過對努力求生存的人們來說，這卻是不同的遊戲，但是懷著些許的慈悲與洞見，我們每一個人都可以使它變得不那麼困難。

每一個存有都是「神聖完美的存在」（Divinely Pefect Being）體內的一個細胞，但在人類的系統中，有些會被感染到不和諧的病毒。當這事發生時，以整體為念的這個存在體會群策群力，以便將一切帶回到完美的健康與平衡。

這是真實的，你可以將個人的共振帶回到與你的「神性本質」（Divine Essence）連成一氣的狀態，使宇宙在你的腳邊狂喜地滾動。奧地利哲學家兼詩人卡夫卡（Franz Kafka）曾說：「你不需要離開你的房間，就坐在桌旁聆聽吧。你甚至不需要聆聽，只要等待。你甚至不需要等待，只要學習成為安靜的，靜止的，單獨的。這世界將會免費地將它自己獻給你，毫不遮掩。它別無選擇，它將在你的腳邊狂喜地滾動。」在這種狀態下，你什麼都不用做，而一切就會在你周圍完美地開展，但這一切取決於我們每一個人都可以隨心所欲改變的振動。

第二章

三種普拉納的攝取方式及好處

生物系統與普拉納的關係

問：什麼是生物系統？

答：生物系統（bio-system）在這裡指的是人類的生理運作系統。

問：何謂四大身體系統？為了經驗《普拉納課程》的好處，為什麼有必要去調頻並整合這個生物系統？

答：研究分享說，人類有四大身體系統——肉體、情緒體、心智體、靈性體，可以比作一把四弦吉他，每一根弦都有它自己的調子，當音調和諧時，演奏出來的音樂（以及活出的生命）是有魔力的，一個生命變得既和諧又無限。當音調不準時，人就好比

「走調的」樂器——經驗到各種形式的情緒體、肉體或心智體失調。當四大身體系統和諧而整合，足以支援一個共同的目標——例如，透過所有界域有意識地顯化並經驗我們的神性本質，那麼普拉納課程就被啟動活化，達到另一個更有效力的層次。

問：你所說的四大身體健美是什麼意思？

答：許多靈修者如今深信，個人的健康與快樂需要全人教育，這也可以刺激七感的啟動活化。七感包括視覺、聽覺、觸覺、味覺、嗅覺、直覺，以及第七感的知曉，而負責知曉的感官說：「我知道我知道，但我不確定我知道的到底是什麼，但我知道我知道它！」經過幾十年的個人實驗，我發現，藉由我們選擇的生活型態，第六感和第七感以及我們的所有感官，不但可以被精煉提升，而且可以得到全面的啟動活化。

我把我們的所有感官得到全面的啟動活化稱為「四大身體健美」（Four Body Fitness），因為這樣的啟動活化帶來肉體、情緒體、心智體、靈性體的健康，而且感官的全面啟動活化，只會發生在當我們在所有層次上協調一致時。四大身體健美讓我們得以擁有愛、健康、財富、熱情與人生目的，還有與家人和朋友的正向關係。這也是普拉納真正流動的徵兆。

問：你在第一章中定義什麼是普拉納，我們可以從哪裡得到普拉納？

答：我們可以從內在和外在層面吸引到更多的普拉納。舉例來說，根據「般尼克療癒網路」（Pranic Healing Network）的創立者蔡國瑞（Choa Kok Sui）大師的說法：

「普拉納或氣是保持身體活躍與健康的生命能量，希臘文叫做『努埃瑪』（pnuema），玻里尼西亞語叫做『嗎哪』（mana），希伯來文叫做『魯阿』（ruah），意謂著『生命的氣息』……

基本上，普拉納有三大來源：太陽普拉納、空氣普拉納、土壤普拉納。太陽普拉納是來自陽光的普拉納，它鼓舞整個身體、促進身體健康，可以經由日光浴或是接觸陽光大約五到十分鐘取得，也可以藉由飲用曾在陽光下曝曬的太陽水取得。過長的曝曬時間或是過多的太陽普拉納，會傷害整個肉體，因為太陽普拉納相當強烈。

包含在空氣中的普拉納叫做空氣普拉納或是空氣生命力小球。空氣普拉納透過呼吸由肺部吸收，也由原生質體（bioplasmic body）的能量中心直接吸收。這些能量中心叫做脈輪。經由緩慢而有節奏的深呼吸，而非淺短的呼吸，可以吸收到更多的空氣普拉納。經過特定訓練的人，也可以經由皮膚的毛孔吸收空氣普拉納。

包含在土地裡的普拉納叫做土壤普拉納或是土壤生命力小球，經由雙腳腳底吸收，且在自動而無意識的情況下完成。赤腳走路可以增加土壤普拉納被身體吸收的總量。一個人可以有意識地吸收更多的土壤普拉納，以增加個人的生命力、完成更多工作的能耐、以及更清晰思考的能力。

水從接觸到的陽光、空氣、土壤吸收普拉納。植物和樹木從陽光、空氣、水、土壤吸收普拉納。人類和動物從陽光、空氣、土壤、水和食物取得普拉納。新鮮食物包含的普拉納勝過醃製食品。」

還有一種方法是利用替代性的內部進食機制，藉由原子，以次元交互的方式汲取普拉納，這些將在本書最後一部分與讀者分享。

問：為什麼普拉納現在被用作替代性的食物來源？

答：重新發現這套古代的瑜伽修煉法以及由其好處構成的全人教育，將會讓西方世界（一股由金錢力量與慈悲良知構成的勢力）得以利用這股能量（以及救援與資源重新分配計畫），消滅個人與全球在肉體、情緒體、心智體、靈性體方面的厭食症，我認為，就是這類厭食症導致如今人世間大部分的不和諧。

在形上學方面，大家都知道，當一個物種準備好在進化旅程中跨出正向的重要一步，調頻妥當且持開放態度的個人，就有能力從「無限的愛與智能的宇宙場」（U.F.I.），取用他們需要達到這個境界的資料，因此，現在愈來愈多人體驗到普拉納課程。

問：一個人需要充分理解普拉納，才能經驗到普拉納的好處嗎？

答：根本不需要。在校準時自然而然地測得完美能級的人，許多都經驗到普拉納課程的許多好處。這表示，教育與資訊會是十分有益的。舉例來說，我最近發現，我的新電腦能夠做到我之前沒有注意到的事，一直到女兒告訴我並展示給我看，我才明白。這些剛好是非常有助益的特色，我現在會使用，之前卻完全不懂。普拉納課程也是同樣的道理。直到了解系統的能耐，我們才能夠且願意擺脫比較老舊且往往比較局限的慣性方式。教育拓寬我們選擇的自由，且能刺激更多的創意思維，從而微調我們的顯化能力。

問：在你的著作《眾神的食物》中，你談到神性養分的三階系統，可以解釋這點嗎？

答：簡言之，內容是：第一階是生命的禮物——事實上，有一股非常疼愛我們的原力，它不斷地、自動地將生命吹入我們裡面。第二階是意識到這股原力，同時運用它去創造肉體、情緒體、心智體、靈性體的健美，以及提高我們的健康與快樂層次。第三階是探索並接受，當我們增強這樣的流動時，這股原力可以傳送所有禮物，尤其是那些可以擺脫感知到人體極限的禮物。

問：「眾神的食物」是普拉納，這也是「生命衝力」（Elan Vital）嗎？

答：是的，它也叫做「嗎哪」或是來自天國的食物。它自然而然地在身體內被製造出來，而且可以經由內在與外在層面將更多的普拉納吸引到體內。「生命衝力」是普拉納或「氣」的另一個名字，被譽為是讓無生氣的物體產生生命的力道。「生命衝力」曾被亨利．柏格森（Henri Bergson）用來表示，是造成有機體進化與發展的一股假設的生命力（不是物理或化學性質）。

問：你稱作普拉納的這股原力與「氣」相同嗎？

答：相同。[1]有些道家大師也把「氣」看作宇宙的粒子，認為「氣」隨「意」走，因此，為了有效地影響能量動力與場域流動，我們需要了解心靈的力量。

問：「氣」是生命原力，然後也是陰／陽能量的完美交融嗎？這是普拉納課程要求內在能量平衡的原因嗎？

答：兩個問題的答案都是肯定的。根據凱倫．西爾（Karen L. Scheel）的說法[2]：

「若要了解『氣』，必須追溯東方醫學的源起，回歸道家學說。道家是東方醫學最具影響力的根源。古代的醫者或道家信徒的主要焦點在於，觀察支配宇宙的自然法則之道，以此作為方法，去了解我們體內看不見的內在世界。

他們的醫學理論建立在哲學基礎上，其中一個哲學基礎體認到，宇宙中的一切事物都是由兩個互補然而相反的能量構成，分別叫做陰（女性）與陽（男性）。女性原則的陰與水相關，代表大地。男性原則的陽與火相關，代表天空。陰與陽，女性與男性，結合大地的水能量與天空的火能量，成為兩股負責一切造化的主要力道。如此陰與陽兩相結合而成的旺盛生命力就叫做『氣』，意謂著『能量』。」

問：這股氣流如何穿越人體？

答：西爾又寫道：

「人體是一個微宇宙，貯藏著十二條有氣流動其間的能量通道或路線。這些通道叫做經絡，控制我們的整體和細部結構。人的整體結構是我們可以看見的形相，而細

注❶：引用自http://www.wordiq.com/dictionary.html的說法，「氣在英文裡拼成chi或ch'i。日文裡是ki。「氣」是中國日常文化中的一個基本概念，最常被定義成『空氣』或『氣息』（例如，中文裡常說『天氣』，愿意是『來自天的氣息』），進一步延伸，則是『生命原力』或『靈性能量』，屬於存在的一切事物的一部分。許多信仰體系都提到氣或類似的哲學概念是一種供養生命體的形上能量，尤其在亞洲更是如此。」

注❷：引用自http://www.almaranea.net/light/beginning.html

部結構是多數人看不見的。這個微妙的能量體代表我們是誰的整體，包括我們的肉體、心智、情緒、靈性。不同於血液流經的血管，經絡通道遍布全身，但不是以液體的方式，因為它們處理的多半是能量和意識狀態。每一條經絡都與五大元素之一相關聯，每一條都連結到身體的某個代表陰或陽的器官，而且所有經絡都連接我們的意識狀態。」

問：普拉納與光子能量相同嗎？

答：在普拉納課程的背景下，許多人把光子看成一區正在成形的能量帶，是純淨的宇宙基督化意識，或是純淨的神聖之愛意識，這樣的能量帶目前轟炸著地球，要啟動活化地球居民內在蟄伏的愛與智慧的力量，而我們需要發揮這些力量，才能做出正向的進化抉擇。在這樣的背景下，普拉納與光子展現相同的品質。

在科學的層次上：「在物理學上，光子（源自希臘文的 φωτος，意思是：光）是量子化電磁場內激發的量子，也是量子電動力學（QED）研究的基本粒子，亦即粒子物理學標準模型中最古老的部分。套用外行人的說法，光子是電磁輻射的建構要素：也就是說，光子是光的『粒子』，不過，根據量子力學的說法，所有粒子，包括光子在內，都帶有波的特性。」❸

問：宇宙原能（orgone energy）是怎麼一回事？

答：查爾斯·凱利（Charles R. Kelley）寫道：

「法蘭茲·安東·梅斯默（Franz Anton Mesmer）稱之為**動物磁性**（animal magnetism）；查爾斯·馮·萊辛巴赫（Charles von Reichenbach）稱之為**自然力**（odyle）。對亨利·柏格森來說，它是**生命衝力**；對漢斯·德里希（Hans Driesch）而言，它是**生命力**（entelechy）。佛洛伊德觀察它在人類情緒中的運行，稱之為**性慾力**（libido）。一世代以前的偉大英美心理學家威廉·麥獨孤（William MacDougall）說它是**策動能量**（hormic energy）。如果沒有數百位也有數十位不那麼知名的科學家，曾經體認到這股能量的存在，且為它取了個名字，以此描繪它的特性。舉例來說，光是二十世紀，這個概念的提倡人就有查爾斯·李托費爾德（Charles Littlefield）博士和他的**生命磁性**（vital magnetism），以及喬治·斯塔·懷特（George Starr White）和他的**宇宙電能量**（cosmo-electric energy）。十七至十九世紀的機械科學，在乙太的概念中含括了許多宇宙原能的基本特性，而神祕派則在神的概念中含括了其他宇宙原能的基本特質。

威廉·賴希（Wilhelm Reich）是發現宇宙原能並發展出『宇宙原能學』（Orgonomy）

注❸：引用自http://www.wordiq.com/dictionary.html

的科學家。他生於一八九七年，死於一九五七年，科學著作從一九二〇年代橫跨至一九五〇年代。賴希大半生均致力於以科學方法研究人類角色性格底下的基本真理，以及這與當事人所處環境的關係……『宇宙原能學』是以科學方法研究活體生物、地球、大氣，以及外太空中的生命能量。宇宙原能最好被描述成一種原子形成之前（無質量）的能量。它的自然流動對健康的個人以及地球上的生命極其重要。」[4]

問：普拉納課程與你在第八章討論的太陽能滋養計畫有何差異？

答：太陽能滋養是經由我們的自然界太陽取得微食物的一種方式，它透過雙眼、也透過肌膚的毛孔直接被攝取進入腦部，因此是普拉納的一種外在來源，屬於普拉納課程的一小部分。不過，我們目前研究的進食機制，是從內在層面以次元交互的方式，吸收並吸引到更多的普拉納，而且這種方式使我們免於仰賴任何的外來滋養，因為我們經由自己的共振，透過原子磁吸到宇宙粒子，從而汲取普拉納。

普拉納課程的好處

問：增加流經全身的普拉納，對個人有些什麼好處？

答：**對肉體的好處：**

- 停止製造所有層次的不適。
- 降低我們對世間食物資源的依賴，不再需要從食物攝取身體的滋養品。
- 降低對睡眠的依賴，於是增加更多的時間。
- 降低對世間水資源的依賴，甚至是消滅對外來液體的需求。
- 當我們的身體得到更純淨的營養來源餵養，就可以停止老化的過程。

對情緒體的好處：

- 增加情緒的敏感度；一體性、喜悅、內在與外在和平的感覺。
- 增加熱情與有目的的感覺，並在深度的情緒層次上感到充實滿意且得到餵養。
- 增加內在的、無限的、無條件的愛的感覺，這可以消滅恐懼、寂寞與分離的感覺。

對心智體的好處：

- 增加心智的清晰度。
- 增加創意。
- 提高對生命中更大布局的意識與覺知。
- 提供更輕易之道，可以取用我們與生俱來的智慧、知曉與直覺的力量。

注❹：引用自http://www.orgone.org/aaintro00.htm

對靈性體的好處：

- 增加普拉納的流動可以經驗到生命的一體性與交互連結性。
- 增加對開悟的體驗——充滿著光和喜悅。
- 增加憑直覺得知的靈聽力、靈感力與靈視力。
- 增加我們對一切生命的尊重。
- 更容易體認，神對生命和在祂之內的所有角色有什麼樣的計畫與目的。
- 更容易了解所有靈性使者（耶穌基督、佛陀、穆罕默德等等）教誨的真實本質。

問：當你學到純粹藉由增加內在普拉納的流動得到滋養時，你個人經驗到什麼樣的其他好處？

答：我首先感覺到的好處之一是，存在是難以置信的輕盈，感覺到浩瀚、能量充足、擴展、多重次元。這些是內在神性火花的特徵，只要容許內在（以及外在）這份神性的無限火花供養自己，我們就會呈現出神性火花的特質。十多年來仰賴平均每天不到三百卡路里維生，讓我如今更懂得讚賞自己身體的能耐，尤其因為經驗過前述問題的所有好處，我寫文章得以從經驗出發。

普拉納與肉體的生物系統

問：普拉納課程對健康到底有什麼影響？

答：對我來說，健康代表肉體上、情緒上、心智上與靈性上都健康，而且以和諧而有裨益的方式，放射著不僅餵養自己也餵養這個世界的頻率。一九〇〇年的時候，西方人平均活到四十七歲。今天，西方人的平均壽命是七十六歲。一旦人們邁入四十大關，就進入心臟病、癌症、中風、糖尿病、關節炎、骨質疏鬆、阿茲海默症好發時期。西元二〇〇〇年時，北美洲的可預防性死亡當中，有兩百多萬人的死因屬於這七大疾病。調頻完善且帶著強大普拉納流的生物系統，作用就像是可預防疾病的藥方，使我們免於不適。

問：如果完全依靠普拉納滋養成為某人的選擇，這人該如何維持健康？

答：這完全與普拉納的流動有關。每一個人的生物系統都會自然而然地製造普拉納，至於透過生物系統可以製造、吸引、保有、放射多少的普拉納，將會決定完全仰賴普拉納滋養程序的這個人到底有多健康。生物系統負荷了過多毒性的人，是不可能仰賴只以普拉納為食的養生法維持健康。

問：如果我們本來就不該吃實體食物，那為什麼我們有胃、有牙齒？

答：我們目前的消化系統已經隨著時間的推移而演化，為的是鏡映我們的信念，而當信念改變時，我們的消化系統也會跟著改變。事實是，當我們再次融入內在神性自我的力量時，基於我們是自己身體的主人，身體的每一個細胞將會不斷地聆聽我們的想法、言語和行動，好讓分子和原子跟著自行調整。我們是西方世界的第一代食「光」者，因此也仰賴這個進化過程決定內在系統未來的變化。不過，假以時日，未來食光世代的內部電路最終必定截然不同，所以，這個問題的簡短回答是，這只是進化的問題，包括時間，以及身體鏡映自我信念與修煉的能力。繼續進食的人將會保有目前的消化系統，而選擇「神性養分」的人，最後將擁有一套反映這個滋養新法的消化系統。

據說，當人類首度在這顆行星上具體成形時，我們擁有截然不同的生物系統，這套系統是自給自足的，既不需要食物，也不需要流質；隨著時間的推移，我們演化成為目前的系統，而未來的生物系統進化則取決於我們的生活型態與選擇。藉由再教育以及透過經驗覺知到普拉納課程，假以時日，我們的內部進食架構將會以不同的方式進化，而且，最終全新的「普拉納課程」進食機制，將會從乙太體融合到肉體，然後我們將會看到足以支援新式進食的生理變化。

問：普拉納如何轉化成厚重的物質，從而支援並供養身體的結構與生理機能？

答：普拉納之於神，就像陽光之於太陽；兩者都是某種「發光」物的天然副產品。大地普拉納、空氣普拉納、宇宙普拉納早就無所不在，而且不需要轉化，它們就是餵養著一切萬物。我們只是忘了普拉納具有這樣的功能。在人類的進化過程中，我們已經改而期待由食物擔當這份工作。

因為身體早已知道，普拉納是它的天然食物來源，所以，當我們——身體的主人——也知道這點時，身體會大大鬆一口氣。這有點兒像開除洗碗工，換上自動洗碗機。食用普拉納之光只不過是更輕易、更快速、更乾淨。此外，身體偏愛這樣，因為它可以在這時停止複雜的消化過程，重新將寶貴的能量導向其他事宜。所有的食物都有普拉納，當我們進食時，就將普拉納吸收到自己裡面，但我們也可以學會如何繞過這個中間人，直接觸及「本源」（Source）。

問：只靠普拉納滋養對預期壽命有何影響？它是年輕的源泉嗎？或者人還是會老化？

答：我不能替所有的普拉納滋養者回答這個問題，只能就我個人的旅程發言，在我的實相裡，肉身不死與普拉納滋養課題是可以齊頭並進的。印度的吉里．芭拉（Giri Bala），以及出生就帶著基督聖痕的德蕾絲．紐曼（Therese Neumann）[5]，都是普拉納滋養者，她們優雅地老化然後死去。成為普拉納滋養者並不保證肉身不死，除非這人將松果體與腦下垂體重設成只製造維持生命的荷爾蒙，同時釋放掉「人難免一死」的限制性模式。

此外，為了成為肉身不死，一個人需要放掉「人難免一死」的信念系統，且將一切思想、情緒、飲食的毒性從身體的能量場釋放出去。這是一條淨化之路，也是成為神性管弦樂團中音調調得最為莊嚴的樂器，同時將這點顯化到物質實相中。因此，取用年輕的泉源，取決於一個人的心態以及是否釋放掉人難免一死的模式。

問：為什麼那麼多人把焦點集中在肉身不死？

答：許多人把自己看成身體的主人，而不是身體的奴隸。他們的意圖是，落實自己的人生目的，然後帶著自己的肉身向上進入光，或是在完成畢生志業時，放下肉身，而不是任肉身崩壞，然後因為疏忽或濫用而死亡。

問：那會如何影響身體的美？增強自身的普拉納流動會改變我們的外貌嗎？

答：少數人擁有薩滿變換身形的能力，可以隨心所欲改變肉身的外貌。對我來說，身體的美不是課題，振動的美才是，何況我見過最美麗的人都放射著吹動他們的神力帶來的愛與智慧。從一個人雙眼的光，你可以分辨出這人體內流動的普拉納原力有多強，因為眼睛就是靈魂之窗。

問：為什麼當一個人安住在普拉納課程裡，這人的睡眠需求就會降低？

答：如前所述，增加普拉納的流動可以改變身體系統運作的方式，當我們需要用來消化食物的能量減少，身體的能量水平就跟著改變，自然需要較少的睡眠。對營養不良的人來說，這樣運作反而才是真理。

問：你常說，不再需要實體食物的能力，只是將流經身體的普拉納增至最大所帶來的一小部分好處。那為什麼單是這個好處就大大影響著人類的進化，尤其是在全球資源方面？

譯注❺：一八九八至一九六二年，德國天主教聖女。

答：我個人覺得，對於增強普拉納的流動可以帶來的禮物，我們需要保持正確的看法。過去十年來，已經有太多的譁眾取寵，特別是媒體談到普拉納課程帶來的不實面向。這個焦點已經遮蔽掉今天普拉納課程對人世間更有裨益的其他好處，尤其是情緒與心智方面的好處。

問：為什麼醫生和營養學家們說，不攝取實體食物的人一定會死亡？還說，以普拉納維生是不可能的？他們說錯了嗎？

答：醫生與營養師們所說的每一件事，對保持下述狀況的人來說的確是真實的：

一、貝塔波模式的腦部活動；二、肉體、情緒體、心智體、靈性體的毒性。

一旦我們消滅了肉體、情緒體、心智體、靈性體的毒性，將自己的腦波模式錨定在阿法波，然後是西塔波與德爾塔波層次，我們的生物系統就會開始以不一樣的方式運行，這是醫生與營養師們目前無法解釋的，他們習慣處理的主要是身體系統的需求，並不是基於整體且更加形而上的層次。

問：除了兩者都不攝取實體食物的事實，斷食與以普拉納維生有何不同？

答：施行斷食，我們是靠燃燒體脂肪維生，生物系統經過沖洗，適合自行排毒，如果情況持續太久，我們會經歷到肌肉收縮，系統因為缺乏營養而開始崩壞並迅速老化，如果再拖延下去，終至死亡。至於普拉納，我們卻是以不同的方法餵養身體，從看不見且似乎難以解釋的滋養來源，提供身體優質的維他命與礦物質。斷食是禁食，普拉納滋養是以不同的方式從替代性來源進食。

問：許多人做了許多辛苦的體力勞動或體能鍛練，他們一定需要固體食物才能實現這項功能嗎？

答：人們有時候認為，為了耗費許多精力，例如從事要求體力的工作，他們需要良好的食物補給，才能提供需要消耗的能量燃料。首先，燃料品質的選擇很重要，品質愈高，需要的分量往往就愈少，而我們擁有的最優質食物來源就是普拉納。其二，如果身體有能力以最少的能量消耗來取用和消化食物來源，那麼身體就有更多的能量可以用在其他事情上。

我們的實證研究發現，仰賴普拉納課程的人愈來愈強壯、需要較少的睡眠、心智上比較警覺、身體上更加活躍，這與多數人的預期相反，所以，我們比之前更善於執行辛苦的體力勞動。

問：許多只靠普拉納滋養系統的人發現，他們的選擇令其他人生氣，為什麼會發生這種事？

答：這挑戰著大眾的信念，信念的建立是基於經驗與教育，當這些是局限的，我們的信念就是局限的。新的教育加上新的經驗等於新的信念，這是了解以及較少因恐懼和無知而憤怒所帶來的。要記住，西方的歷史向來將食物的取得視為求生存所不可或缺的，而且文明的形成一直圍繞著食物、水和人類的庇護需求。狩獵與採集的實相被牢牢地錨定在我們的集體心理之中，所以直到現在，才由東方的瑜伽傳統提供能夠契入內在另類滋養來源（人稱普拉納）的資訊，這會對人們的既定信念帶來些許的挑戰。全人教育將會及時緩解這點。

問：有些人說，你的許多研究焦點太過集中在肉體上，是這樣嗎？有理由支持這樣的做法嗎？

答：不同於印度的苦行僧，他們會將自己的身體逼迫到極限，也不同於其他的東方哲學傳統，往往完全聚焦在靈修的旅程而忽略身體，我相信，肉體是珍貴的廟宇。珍貴是因為它是我們內在神性自我的家，而我們可以運用自己的七種感官直接經驗祂的愛、放射與禮物。

此外，雖然我們以多重次元的方式存在，但多數時候——除了睡眠與深度靜心期間，我們的意識是錨定在物質系統中。我們現在在這裡是因為某個目的——不論人們認為這個目的是什麼——而調頻完善的生物系統，有助於將這趟人生旅程的喜悅增至最大。

心輪的重要性

問：你的大部分著作都在某種程度上聚焦於內在神性自我的力量。內在神性自我是什麼？祂的力量是什麼？

答：我們的內在神性自我是，一個能量場，包含我們的「高我」（higher self）與「我是臨在」（I AM Presence），也叫做「真我」（Atman）或「單子」（Monad）。祂是不死的，祂的表現是永恆的，祂的愛和智慧是無限的，而且祂是全視的、全知的，有些人稱之為「內在的神」（God within）。

尋求經驗這位「內在之神」的人們發現，這是一股可以療癒的原力，就好像在靈氣（Reiki）與般尼克療癒之中；祂可以引導我們穿越自己掌管直覺與知曉的第六和第七感；祂可以藉脈動產生具滋養作用的愛，在我們針對祂冥想時，一波波貫穿我們，而且祂可以在所有層次上滋養我們，達到甚至在肉體上餵養我們的程度。這些是祂的一部分禮物和力量。

現在許多人相信，有一股原力，那是全知、全愛的，存在於我們內在與周圍的每一個地方。這股原力，我稱之為我們的「內在神性自我」，祂是不朽的，而且是我們每一個人，不論宗教與信仰都共同擁有的力量，因為不管我們是否承認祂，祂都吹動我們的氣息。經驗到祂的愛，是通向永恆幸福與真正充實滿意的關鍵。

問：在普拉納課程裡，心輪有多重要？

答：心輪是界與界之間的通路，當臍輪、頂輪、心輪都被完全啟動活化時，它們會擴展，磁吸到更多的宇宙粒子進入生物系統。

心輪是主要的接入點，化身為純淨普拉納的神聖之愛，就是透過這個點流動。心輪也是內在神性自我（或是這部生物系統的主機控制器）的錨定點，可以讓內在神性自我在這個次元中表達祂自己。

問：在你的著作《愛的法則》（*The Law of Love*）之中，經常談到心輪與心的品質，你可以在這裡簡短地討論一下更多的相關要點嗎？

答：我們知道，內在神性自我將祂自己錨定在我們的心輪之中，然後從內在層面將祂的光輝向外擴散到我們的物質世界，祂編織自己，貫穿我們的器官、光體、經絡、血脈、骨骼，以及整個生物系統，藉此支持我們的系統成為連續的生命流。我們知道，祂愈是能夠透過我們強而有力地放射，我們就愈健康，正如我們知道，當內在神性自我收回祂的光線時，我們的身體系統就不可能再生存下去，因而死亡。

我們也知道，內在神性自我愈是能夠強而有力地透過我們的心和我們的身體系統，和諧地放射祂自己並進入我們的世界，我們就會經驗到更多的恩典和奇蹟。我們也知道，和諧的心會產生巨大的影響力，可以將我們的頻率調到自由的場域。

問：《愛的法則》當中的研究結合了某些道家的傳統；你可以針對這些做更多的分享嗎？

答：根據道家的說法，心是保有傲慢與慈悲情感的器官，因此，為了重新平衡一個傲慢的人或文化，系統需要得到啟發，才能變得更加慈悲。帶著這樣的情感讓慈悲滿溢那顆心，改變心的頻率場，經由夾帶的過程，將所有的器官帶入和諧的狀態。

道家大師謝明德（Mantak Chia）在他的著作《宇宙的內在微笑》（*Cosmic Inner Smile*）之中描述：

「慈悲是人類情感與道德能量的最高表達，它是發展的一個階層，需要辛苦努力與認真靜心，才能在一個人的生命中綻放。它不是單一的道德，而是所有道德的菁華與頂峰，可以隨時被表達成公正、仁慈、溫柔、誠實、尊重、勇氣與愛的融合。在可與他人分享的能量之中，慈悲是最有裨益的。有力量在適當的時刻表達出任何或所有這些道德，這代表一個人已在內在將自己統合成慈悲的狀態。」

問：根據你創立的心能商數研究所（Institute of HeartMath）的研究，夾帶效應是怎麼一回事？

答：在《HQ——心能量開發法》（*The HeartMath Solution*）這本書裡，作者杜克·齊德瑞（Doc Childre）與霍華·馬汀（Howard Martin）解釋，從心放射出去的電磁場如何影響我們周圍的場域，他們也讓讀者看見，如何邁進到運用「心腦」的直覺本質去感受生命，而不是只從「顱腦」受限的直線型思考操作。

他們說：「心智能（heart intelligence）是覺知與洞見構成的智能流，一旦心智與情緒透過自我啟動的過程達到平衡且一致，我們就會經驗到心智能。這種智能是以直接的直覺知曉被經驗到，顯化在念頭與情緒中，對我們自己與他人均有所裨益。」

心能量的研究顯示：

- 「因為心臟是人體系統中最強健的生物振盪器，人體系統的其餘部分會隨著這些心律脈動。」（摘自《HQ——心能量開發法》）。

- 若要讓人的心律和諧融洽，最快速的方式莫過於——聚焦在心能研究所所謂的愛與慈悲等最重要的心的感覺上。
- 心有它自己的獨立神經系統，稱之為「心中之腦」。
- 至少有四萬個神經元（心臟中的神經細胞），這些細胞將資訊來來回回地分段傳遞到頭顱中的腦，允許心臟與顱腦之間進行雙向溝通，不過心臟的跳動並不受與顱腦連結的影響。
- 約爾．雷西（Joel Lacey）與碧翠絲．雷西（Beatrice Lacey）一九七〇年代在菲爾斯研究中心（Fels Research Institute）的研究發現，**當顱腦透過神經系統傳送信號給心臟時，我們的心臟並不會自動聽從**。心臟的回應取決於任務的本質與心臟需要的心智運作類型。不過**顱腦卻聽從心臟傳送給它的所有訊息與指示**，而這些訊息可能會影響一個人的行為。
- 菲爾斯研究中心發現，心臟的跳動不只是機械性的搏動，而且是一套智能語言的系統，影響我們的感知與反應。其他的研究人員則發現，心臟有節奏的跳動觸發神經脈衝，影響更高階、支配情感運作的腦中心。
- 心能商數研究所的研究也發現，負面情緒打亂心臟的節奏，使心律變得突兀而雜亂。他們發現，正向的情緒產生平順和諧的心律，這反而增加一個人的心智清明度、直覺力、更清楚感知世界的能力，同時提升當事人與他人溝通的價值。
- 有能力保持平衡與和諧的心律，讓一個人得以維持正向的人生視野與直覺的流動，且得以隨心所欲地取用正向的情緒。

● **心臟電磁場的強度，大約比顱腦產生的電磁場強度大五千倍左右**。它不僅滲透身體的每一個細胞，更強大到足以向外放射到我們周圍的場域，而這樣的放射線是磁力儀可以量測到的。

● 心智能與腦智能之間的差異在於，心接納直覺的解答，而頭腦接納線性與邏輯性的解答。當兩者合作時，我們再次擁有更多的人生選擇，以及更清晰的慧見，知道如何落實自己的夢想。頭腦與心之間的一致，也讓我們得以透過生命的所有領域更有效地運作——這個事實是心能商數研究所一再測試的。

問：心能商數研究所的研究，是因為什麼而與普拉納課程有關？

答：雖然我們可以成為「心智」（mind）的主人，以正向的方式與自己的感知和情緒合作，但卻無法成為自己的「心」（heart）的主人，只能成為它的夥伴，然而取用心的智能或是心的編碼，讓我們得以過著渾然天成的生活。

根據心能商數研究所的研究，「我們的感覺，會影響包含在心的電磁信號當中的資訊。」（摘自《HQ——心能量開發法》），光譜分析則揭示，當心臟的節奏變得比較一致而有序，它的電磁場輻射也就比較一致而有序，而研究人員也發現，這些輻射可以影響其他人的腦波模式。光譜分析可以決定存在於場域之內的混和頻率，也就是電磁場的構成要素。

讚賞與慈悲這類情緒創造心的一致，就如同憤怒與挫折創造不一致一樣，結果，當我們改變自己對生命的觀感，就改變了自己的情緒流，也順帶改變了身體的心律，同時允許自己改變內在與外在的放射層次，增加或減少普拉納的流動。

選擇去看見每一個情境的完美，選擇去看見萬物之內的神性火花，選擇去享受每一個片刻的全然與簡單，所有這一切都會改變我們的心律和我們在人世間的節奏，以及回過頭來包圍我們且貫穿我們的節奏類型。心能商數研究所的研究發現：「當一個系統一致時，其實沒有能量會被浪費掉，因為它的零件以同步的方式操作。」（摘自《HQ——心能量開發法》）。

以普拉納作為情緒體、心智體、靈性體的食糧

問：普拉納如何餵養情緒體？這有什麼好處？

答：人類的情緒體不斷尋求滋養，於是自然而然地敞開來接納愛，且受到愛的吸引。我們的教育與文化制度引導我們正視愛自己、愛家人、浪漫情愛，甚至是無條件的愛，不幸的是，這些制度往往否定神聖之愛的力量與影響力，而神聖之愛卻是我們知道的所有情愛的源頭。普拉納的基礎本質之一是「神聖之愛」，有些人稱之為「聖母

頻率」（Madonna Frequency），而經驗到神聖之愛在我們內在的流動日漸增加，能以難以想像的方式餵養並滿足我們。

許多人忘了我們的氣息何以被吹動，且視之為理所當然。某樣東西，某種能量動力，操控了我們的呼吸機制，祂非常疼愛我們，愛到足以保持這份脈動，使我們可以經驗到生命。當這股能量將祂的愛與關注從生物系統抽離時，生物系統就會死亡，再多的氧氣也無法起死回生。

正在吹動我們的氣息背後存在著一份智能，而決定去經驗這份智能帶來的情感禮物，則是一趟非常滋養且值回票價的旅程。古代的瑜伽士領悟到，當我們的節拍與吹動我們的「神聖之愛」節奏相合時，那些愛的感覺就會增加。與「神聖之愛」融合，有意識地讓人看見自我情感光譜的深度與氣息，如果我們只是聚焦在愛自己、愛家人或是浪漫情愛，就不可能看到這些。

忽略某樣東西並不會讓這東西不存在，那只是容易限制我們對這東西的體驗。聚焦在神聖之愛（那是我們更高階、更神性的本質賜予我們的愛），可以為情緒體帶來以下的好處：

- 增加情緒的敏感度，讓我們能夠好好享受。
- 增加一體性、喜悅以及內在與外在和平的感覺。
- 增加熱情與有目的的感覺，並在深度的情緒層次上感到充實滿意且得到餵養。
- 增加無限的愛的感覺。

問：普拉納要如何被用作心智體的糧食？

答：首先，「氣」隨「意」走，因此，意念專注在哪裡，就會發現氣或普拉納隨之湧入且滿溢在我們所專注的區域。氣就像年幼的小狗，對主人專注的事滿心好奇，所以，主人到哪裡，牠就跟到哪裡：

增強普拉納的流動可以：

- 啟動活化基本的求生課題中，沒有用到的腦部區域。
- 增加心智清晰度。
- 增強創造力。
- 當普拉納得到導引，就可以進一步啟動活化並餵養腦下垂體與松果體，從而展開直覺與知曉。
- 帶進「同類相吸」的範型，因為當腦波模式改變，也就改變了無限的愛與智能的宇宙場對我們的回應方式。
- 擴展意識，同時啟動活化超意識心靈或高層心靈。
- 此外，當氣隨意走，普拉納的紫羅蘭光面向就會對編程設定做出回應。

問：如何利用普拉納作為靈性的食糧？這麼做對個人和全球有什麼好處？

答：這麼做的好處包括：

- 增加「一體性」與個人充實滿意的感覺，藉此增加統一性。
- 提供經驗神性本質的共同連繫，那會帶領我們超越宗教的意識形態與教條主義，從而帶來統一與包容。
- 增加創造力的流動，刺激更高的腦中心，那會擴展更高實相的意識與知曉，同時擴大我們處在其中的地位，從而帶來更加和諧的全球和宇宙範型。
- 促進內在與外在的整合、平衡與和諧，從而增加我們內在與外在和平的感覺。
- 改變我們的放射頻率，使我們餵養這個世界，而不是榨乾這個世界。

問：若要了解普拉納課程的好處該如何被顯化出來，最簡單的技巧是什麼？

答：下述情形成立時，就會經驗到普拉納課程的好處：

- 當我們理解到，每一個人都只是能量構成的系統，可以是經過調整的，也可以是失調的。
- 當我們經由如何打發時間，亦即我們關注的焦點與我們的生活型態，有意識地改變自己的腦波模式時。
- 當我們了解並應用宇宙的共振法則時。
- 當我們精確掌握自己的思維模式，消除受限的信念，藉此好好應用有效的心靈力量時。

●當我們有意識地和宇宙心靈及其愛與智慧的無限場域和諧共事時。

問：若要取得普拉納課程的好處，一個人需要採納的最簡單程序是什麼？

答：首先，接受教育，了解普拉納課程與其力量。接下來學習呼吸模式，盡一切所能了解氣息的力量。還要了解心靈的力量，以及如何運用心靈的力量去吸引並吸收宇宙的粒子。此外，好好應用內部進食機制以及本書最後一部分概述的普拉納課程。經由你的生活型態、感知能力與信念抉擇，將自己帶到肉體、情緒體、心智體、靈性體四體健美的狀態。最後，了解然後調整你個人的能級校準值。

問：根據你個人的經驗，得到普拉納的供養還有什麼其他的好處？

答：消化的過程會耗費能量，當不再需要消化時，這股能量可以被重新導引作其他目的之用。對我來說，這似乎可以增強我的創造力，並擴展我在不同次元交互之間的心靈感應能力。由於我選擇的日常生活型態及其引來的一切，要分離使我如今在日常生活中經驗到的魔法要素，其實是不可能的，因為靜心、強烈的內在指引、聚焦在我自己的和諧進化，以及服務奉獻，同時仰賴普拉納存活，全都交織在一起。普拉納課程使我理解，心靈的力量勝過物質、必死模式，無限的真實存在與自我成就、揚升、開悟之道，為更加有愛的範型服務等等。

問：還有什麼人們描述過的其他好處？

答：普拉納課程以及增加流經我們系統的普拉納的另一個好處是，那為我們帶來需要的食物，使我們可以憶起並醒悟到自己的真實本性，我往往將醒悟到內在神性自我的經驗（不論我們選擇以什麼方法憶起和醒悟到祂），比作終於可以跟那個「大小孩」玩耍（因為我們的神性本質是更開化的本體，由大光與大愛構成），而大小孩剛好知道所有的把戲且樂在其中！祂是全知、全然強大、全愛、全智的，而且存在於所有的時間、空間與次元之中。

此外，普拉納課程往往刺激我們精確掌握肉體、情緒體、心智體，並將這些身體整合成一個完整、神聖的整體，一齊運作，和諧地表達我們的最大潛力。雖然增加普拉納流動的最明顯好處是顯化在肉體上，但一個人其實必須持續勤快耕耘情緒體與心智體，同時得到內在靈性的引導，穿越這整個轉換的過程。

不論我們選擇以什麼方式達成這個目標，許多人現在相信，這個層面上的一切存有，這一次必須最終完成他們的學習週期、成為自己的主人、讓自己的本體回歸到與內在神性自我完美相映之境。我的實相是，這個醒悟與自我成就的過程不再是抉擇的問題，因為這顆星球正踏上預定的路線，邁向更加愉快而有效的進化。

提升腦波的活動

問：關於一般的腦波研究，可以多分享一些嗎？

答：「腦波是腦子裡變動的電性變化的紀錄。若要取得這樣的紀錄，電極被置放在因手術而暴露的腦子表面（心電圖，ECG）或是腦袋的外表（腦電圖，EEG）。這些電極偵測腦細胞外液在回應大群神經元之間的電位變化時，所產生的電性變化。來自電極的結果信號被放大並記錄下來。腦波源自大腦皮層，但也反應出影響皮層的其他腦部活動，例如網狀結構。因為電性變化的強度直接與神經元活動的程度有關，所以腦波在醒睡之間的振幅與頻率變化顯著。」[6]腦波模式的研究導致貝塔、阿法、西塔、德爾塔波場域的發現。

問：為什麼在普拉納課程中，提升腦波活動那麼重要？

注[6]：引用自http://www.mhhe.com/biosci/ap/vdgconcepts/student/olc/n-reading13.html

答：我們的經驗一直是，當腦波模式進入阿法波、然後是西塔波、然後是德爾塔波模式，許多其他的實相便開始浮現（譬如，得到神聖之愛——氣或普拉納——健康滋養的能力，來自於錨定在西塔至德爾塔波世界）。我們愈是增加流經生物系統的普拉納，生物系統就運作得愈好，同時腦波活動藉由我們需要達到這個目標的生活型態而自動改變。靜心帶領我們穿越阿法—西塔—德爾塔波層次，在此，宇宙粒子被更輕易地磁吸到我們身上。

問：可以描述一下不同腦波模式的部分屬性嗎？

答：貝塔波場域的腦波模式以每秒十四至三十赫茲的週期共振，它是貧窮、暴力、社會不公、情緒高低起伏的場域，也往往是人造與自造混亂以及受害者意識的場域，它是「忙碌」的節拍。

阿法波場域以每秒八至十三的週期共振，它開始揭露生命的禪性，容許我們放鬆，冷靜下來，有效地看見並重設自我人生的方向，同時體認到失衡，然後加以評估並重新探討，希望為眾生謀利。透過靜心沉浸在阿法波區段，可以改善我們的健康與快樂層次，也是以新方法直接且有意識地餵養我們本體的第一步。

西塔波場域腦波模式，以每秒四至七的週期共振，它帶來的似乎不再是隨機的巧合，而且耗在這裡的時間，可以吸引到充滿象徵性的事件以及頗具深意的可能性，因為這是一個創意無限的潛能構成的場域，是恩典、真正滋養與愛構成的場域。所有的神聖性與真正的信使均來自這裡，所有的神聖著作，也都是先經由心靈感應從「無限的愛和智慧的宇宙場」（西塔波是這裡的主節奏）下載下來，然後再誕生出來。

德爾塔波場域以每秒二分之一至三的週期共振，它帶來一切，因為從這個場域會跳出天堂和聖經中屬於上帝的「伊甸園」。德爾塔波區段也是「以羅欣」（Elohim，希伯來聖經中的神）以及大天使和純愛的家。我們的超自然能力就是從這裡流出的，而我們的內在神性自我更是錨定在這裡，由此透過我們的形相向外放射。深度靜心時，往往可以進入德爾塔波場域，而在無毒的系統之內，它可以被更強而有力地經驗到。當瑜伽士離開身體、經驗次元交互的宇宙旅行時，這就是他們停駐的場域。

問：腦下垂體在普拉納課程中扮演什麼樣的角色？

答：東方神祕學家發現，人體主要腺體之一的腦下垂體，製造一種名為甘露的食物，他們聲稱，那是年輕的源泉。當腦下垂體經由舌頭的某些位置，還有經由滿溢著紫羅蘭光以及帶著特定意圖的編程設定得到刺激，這會增加甘露的製造，餵養腦部需要的營養，以此刺激神經神學的按鈕，從而影響腦波模式。

此外，根據古老智慧的說法，當腦下垂體和松果體被啟動活化時，我們的腦波模式就會更恆久地固鎖在阿法波光譜之中，而當腦波模式邁入西塔波與德爾塔波區段時，我們會開始使用之前沒有用到的腦部。

問：松果體在普拉納課程中扮演什麼角色？

答：當松果體受到刺激時，使用類似上述的工具，加上其他的道家方法，就會提高一種名為「松香烴」（pinoline）的物質分泌，松香烴餵養腦部，增加神經荷爾蒙二甲基色胺（DMT）與五－甲氧基二甲基色胺（5-MeO-DMT）的產量。當生物系統擺脫肉體、情緒體和靈性體的毒性，且這些荷爾蒙正在增加時，系統會開始以不同的方式運作，揭示人類自然而然且更具煉金作用的能力。

問：為什麼我們只使用百分之十至二十的腦容量？

答：首先，只需要頭腦的一小部分，我們就可以應付並滿足求生的需求。我們腦部的平衡處於蟄伏的狀態，因為只聚焦在求生會限制體內普拉納的流動，這反而局限了腦部某些區域的啟動活化，於是無法落實更高的潛能。我們不使用的腦部就只是蟄伏著，等待我們啟動。

問：該如何使用普拉納，才能啟動活化沒有用到的腦部區域？

答：有各種方法可以達成這個目標。舉例來說，讓頭腦滿溢著紫羅蘭光，這可以餵養腦功能，刺激它以不同的方式回應，但大體而言，當我們藉由各種生活型態工具和保有某些心態來重新校準自己的能級時，腦部的這些區段就被自動地啟動活化了。

問：神經神學是怎麼一回事？

答：神經神學發現到，一旦頭腦各區經過特定的程序啟動活化，就可以下載喜樂、狂喜、宗教熱忱與天啟的感覺；例如，顳葉有一顆喜悅按鈕，頂葉讓我們連結一體性與統合的感覺，枕葉允許我們處理神聖的影像。運用持咒、祈禱、唸誦、靜心、觀想與呼吸技巧，就可以經驗喜樂的腦波。

問：腦部還有其他東西與普拉納課程有關嗎？

答：根據超覺靜坐的創始人瑪哈禮希・瑪赫西・優濟（Maharishi Mahesh Yogi）與超覺靜坐運動所做的研究，七千人保有持續不斷的八赫茲腦波模式，可以將我們的世界蛻變成和諧融洽。增強普拉納的流動會自動增加個人與全球的和諧，因為此舉使人腦進入八赫茲模式。

普拉納與閉黑關

問：過去幾年來，你已經開始修煉閉黑關療法，為什麼這麼做？

答：根據謝明德的說法：「黑暗可以實現連續處在高階神性意識的狀態，這與腦部致幻化學物質的合成與積累相關。褪黑激素是負責調節的荷爾蒙，它讓身體與心智安靜下來，為迎接更細緻而精微的高階意識實相作準備（第一至三天）。松香煙影響人腦的神經遞質，准許異象與夢境在有意識的覺知中浮現（第三至五天）。最終，人腦合成『靈性分子』五─甲氧基二甲基色胺與二甲基色胺，促進宇宙之愛與慈悲的超凡經驗（第六至十二天）。」因此，在「閉黑關」（darkroom retreat）期間，我們可以經驗到不一樣的腦功能帶來的好處。

問：你還把這套閉黑關修煉法與普拉納課程結合在一起，這是如何運作？

答：閉黑關之類的情境是一種妙法，可以創造和擴展特定的內部進食機制，也可以藉此檢查當事人是否成功脫鈎，不需要吸收所有外來的光與實體食物。

問：你分享了閉黑關與普拉納課程，還有其他好處嗎？

答：除了之前解釋過的部分，這種閉黑關經驗還有許多的好處提供給參與者。首先，它重新創造存在神聖母親子宮內的經驗，而所有的光就是從這裡流瀉出來的。其次，它消滅分離的感覺，因為你唯一看到和感覺到的是，你是意識的一個個別點。雖然我曾在「閉黑關日誌下載」（*Darkroom Diary Downloads*）[7]之中詳細談過我的第一次閉黑關經驗，但肉體上的視覺被剝奪就好比實體食物被剝奪，讓我們的其他生物系統能力得以顯現出來，尤其當我們利用寂靜而孤獨的閉黑關時間，更深入地探索意識的內在層面時。

問：普拉納與細胞的形式

答：在我們檢視細胞的脈衝以及與普拉納課程的相關性等項目之前，還需要多了解一些細胞的功能。下述資料相當有趣，以一般人的說法呈現，節錄自比爾．布萊森（Bill Bryson）的著作《沒有盡頭的宇宙》（*A Short History of Nearly Everything*）。

注[7]：請參見http://www.selfempowermentacademy.com.au/htm/files/e-Books-free/Darkroom-Downloads.pdf

「它從單一的細胞開始，第一個細胞分裂成兩個細胞，兩個分裂成四個，依此類推……每一個細胞從孕育的那個片刻到你吞下最後一口氣息，都很清楚地知道該怎麼做，才能保護你並滋養你。」

「你無法隱瞞你的細胞，它們遠比你本人更了解你。每一個細胞都攜帶著一份完整的基因編碼（你的身體的使用說明），所以，它不僅知道如何完成自己的工作，也知道如何完成體內的其他工作。」

「你的細胞是一萬兆公民組成的國家，每一個公民都以某種極為具體的方式致力於你的總體安康。它們為你完成每一件事，讓你感覺到歡愉並形成思想。」

「大多數活細胞的壽命很少超過一個月以上，但有些顯然例外。肝細胞可以存活好幾年，不過它們內部的零件可能幾天更新一次。只要你活著，腦細胞就活著。你一出生，就被配給了大約一千億個腦細胞，這就是你這輩子將會擁有的腦細胞。據估計，你一小時失去五百個腦細胞，所以，如果有什麼事要認真思考，就趕快思考吧，千萬別浪費任何一個片刻。好消息是，腦細胞的個別零件是不斷更新的，因此，就像肝細胞一樣，腦細胞零件的壽命其實不太可能超過一個月以上。」

「一旦細胞不再被需要，它們就以只能稱之為端莊體面的方式死去。它們卸下將它們組合在一起的所有大小支架，安靜地吞噬掉自己的零組件。這個過程被稱作細胞自毀或是已設定的細胞死亡。每一天，幾十億個細胞為了你的利益而死亡，另外幾十億個細胞清除掉這片凌亂。細胞也可能很暴力地死亡——例如，被感染時——但大多時候，它們的死亡是因為被告知大限已至。的確，如果沒有被告知可以活著——如果沒有另外一個細胞給予某種積極的指示，細胞就會主動自殺。細胞需要許多的一再保證。」

「細胞神奇之處不在於事情偶爾會出錯，而是它們幾十年來不眠不休地將每一件事管理得流暢平順。為了完成這個目標，它們不斷傳送並監控來自全身的信息流（信息雜音），包括：指示、詢問、修正、要求協助、更新、分裂或斷氣的通知。這些信號的到來大部分仰賴名為荷爾蒙的信差，例如胰島素、腎上腺素、雌激素、睪丸激素等化學物質，它們從甲狀腺和內分泌腺等遠端前哨站傳遞資訊。還有其他信息是來自腦部或其他的區域中心，藉由名為旁分泌信號傳送的過程電匯過來的。最後，細胞直接與它們的鄰居溝通，設法確定彼此的行動協調一致。」

問：上述資料很有意思，但除此之外，它們與普拉納課程有什麼關聯性？

答：基本上，細胞是由荷爾蒙、化學物質以及其他細胞編排設定的，而且也可以經由我們的心智進行有意識地重新設定。它們可以被滌淨，有毒的話，可以被排毒，經由全新而明確的編程設定，學會以不同的方式操作。此外，我提供上述資料作為事實是基於：關於細胞的功能，目前還有許多難以理解之處。

普拉納課程的提倡者表示，普拉納可以提供維持系統健康需要的所有營養素、所有維他命、蛋白質和礦物質，有些人可能覺得這難以相信，但當我們了解到普拉納的特性與它的紫羅蘭之光的本質，就不會很難相信了。而當我們明白布萊森的研究分享，這就不是不可理解的：「你至少有兩萬個不同類型的蛋白質在你內部不停地勞動，而目前為止，我們對它們的理解不超過百分之二（有些人把這個數據定得比較高，例如百分之五十；這顯然取決於你所謂的「理解」是什麼意思）。」這正是我的觀點。

問：可以討論細胞的脈衝以及它對普拉納課程的影響嗎？

答：在我的著作《與眾神共振》（*In Resonance*）討論過，我們知道，我們的細胞儲存記憶和情緒，作用好比個人的內在檔案櫃。我們也知道，每一個細胞都是由內含百分之九十九點九九空間的原子構成。我們還知道，這個空間其實是純淨的神性意識，那是一般的科學量測範圍偵測不到的，因為內在神性自我力量的共振頻率太過精微，一般的方法偵測不到。為了方便這次的討論，我想把填滿每一顆原子的這個神性意識的節拍，叫做「我們的內在古典音樂電台」。

我還了解到，我們的細胞愈是充滿人生的情緒與心智毒性，每一個細胞內的神性或古典音樂脈動就愈是微弱，然而，我們可以純粹依靠普拉納滋養到什麼程度，也完全取決於每一個細胞內神性脈動的實力。同樣為了方便這次的討論，我想把這種因人生的過往情緒經驗與負面心智感知，所造成的細胞毒性，叫做「我們的內在重金屬音樂台」。

問：可以舉例詳細說明這點嗎？

答：想像兩台收音機並排，兩台都打開，一台調到古典音樂頻道——我們的神性脈動，另一台調到重金屬音樂頻道——我們的集體記憶模式。假設最大音量是十，那麼如果古典音樂以一或二的音量播放，而重金屬音樂頻道以九的音量播放，那麼我們肯定淪落到跟平常人一樣：人體有極限、疾病、衰敗，最終死亡。不過，如果這些數字被顛倒過來，古典音樂的神性脈動在七、八或九的音量，而狂暴的重金屬頻道在一、二、三的音量，那麼這場遊戲與我們的人生經驗就會變得截然不同。由古典節拍主導的九比一比率，容許普拉納的滋養更加輕易地發生，所以我們的工作是掏空有毒物質的細胞，或是將這類「重金屬」物質蛻變成更加純淨的頻率。

我最近聽到目前的研究分享，每一個細胞擁有六十億位元組（6 gigabytes）的儲存容量。如果這是真實的，那麼我們的細胞就擁有可以儲存許多頻率的巨大儲存容量。

問：我們該如何進行這樣的掏空或蛻變？

答：我們可以藉由幾種方法辦到。一是讓細胞滿溢著紫羅蘭之光；二是掏空細胞內沒有必要的渣滓，讓自己從不再支援我們的業債與能量勢力中解脫出來。我們可以運用聚焦於寬恕的靜心法做到這點。

懂得其中奧妙的靈修者知道，在某個層次上，一切都是完美的，沒有對錯，發生的一切都是要教導並幫助我們發展和成長。不過，我們並非始終擁有這一類型的覺知，於是將累世的創傷、憤怒、評斷以及握有負電荷的能量，留在自己的細胞裡，這些在細胞內占據了不必要的空間，使重金屬音樂台的音量高於健康的音量，蓋過更具養育作用的古典節拍。因此，當我們應用《眾神的食物》一書中的「細胞脈動與寬恕」（技巧二十三），讓細胞滿溢著紫羅蘭之光，這時，我們就將音量重設成較能給予支援的模式，使細胞可以得到滋養而非枯竭。

問：你在第一本著作中談到，許多人的DNA（去氧核糖核酸）裡面正在起變化，這將會使得只靠普拉納滋養維生的歷程變得更容易嗎？

答：有許多的變化發生在許多人身上。根據形上學的說法，我們的內在有個光體，這個光體內含像檔案一樣的資訊編碼。當我們問對問題時，這份資料就被釋出。許多人早就不再詢問諸如「我為什麼在這裡?生命有什麼意義?」之類的問題了，因為已找到了滿意的答案;他們已經達到了「下載」自己編碼的高級階段，現在非常積極地服務人間。為了反映這點，這顆星球正在急劇轉變中。

如果足夠的人們相信某事是真實的，這事就可能是真實的，它先是存在於心願之內，接著在想像中，然後在現實裡每一個人都可以擴展自己的意識，邁入另外一個人和諧融洽的能量帶，因為外在的混亂只是內在混亂的象徵。普拉納課程議題的一部分是要激發人們的興趣，創造另一齣名為「在地球行星上茁壯成長」的電影;不僅只是求生存，而且是當每一個人的基本人權都被照顧到的時候，我們就只能這麼做。人類DNA的轉變正反映出地球意識的變化。最近的調查發現，百分之七十的美國公民承認，曾經享受過屬靈的經驗。

普拉納課程與場域科學

問：什麼是場域科學?

答：場域科學研究的是，光線與聲波在穿越受造物的空間時所造成的影響。場域科學也研究宇宙的法則、刻意導引的心靈力量，以及觀察和有意識地編排場域如何影響該場域的資訊。因此，場域科學的研究可以囊括個人、社群、全球、宇宙甚至是次元能量場的輻射，以及這些如何衝擊彼此、如何相互關聯。場域科學通常也囊括因我們的臨在而榨乾或餵養某個能量場的能力。

問：你常說普拉納也是氣或宇宙粒子，又是紫羅蘭之光的神聖之愛面向。如果有所差異，可以解釋這些差異嗎？

答：普拉納的流動可以被感覺成愛的振動，那是透過直覺經驗到沉浸在它的無限本質之中是神聖的，因為當普拉納流經身體時，每一個細胞都隨著它的節奏跳舞，感覺到某種程度的完整圓滿。當一個人在這條愛之光的河流上靜心冥想，並透過第三眼以內在的慧見看著它，這時就可以看見它的紫羅蘭光色調。

宇宙粒子攜帶著七大元素的完美融合，而我們知道七大元素是地、水、火、風、星光體（astral light）、虛空（akasha）、宇宙火（comsic fire），這些為人體系統創造出完美的混合與營養的流動，只要人體系統能夠吸引到足以持續維繫生命的這些粒子。我的假設是，正是這些元素的流動與融合維持住健康，使人可以免於攝取食物，另外，元素混合需要完美分量的星光體、虛空和宇宙火。

人體系統愈是能夠隨著神聖之愛的共振而振動，就會吸引愈多的普拉納或宇宙粒子，不過我們能夠吸引到的元素混合會改變，依據的是當事人錨定在哪一個次元，或是將自己擴展到哪一個次元。

問：你說：「當事人錨定在哪一個次元，或是將自己擴展到哪一個次元。」是什麼意思？

答：雖然我們是永恆的實存生命，由無限的愛與無窮的智能構成，且同時存在於所有的次元之中，是為宇宙生命網的一部分，但多數人將自己有意識的覺知，限制在地球上物質生命的三度空間層面。我們愈是擴展，將自己的意識提升到足以穿越更高的次元，就可以吸引到更多的宇宙火、虛空、星光體，並透過我們的系統放射，也因此更能夠免於人體的極限。關於次元，更詳細的內容收錄在我的《與眾神共振》中。

問：你說普拉納是人世間最純淨的滋養形式，為什麼？

答：由於身為宇宙粒子的普拉納具有紫羅蘭之光的本質，因此它提供創造然後供養一切生命的建構要素。普拉納不但在它的本質之內保有一切的創造原力，而且囊括所有需要用來創造生命的元素——從分子層次到維他命和礦物質層次。因此，它是純淨的，跟許多的現代實體食物不同，它不含食物色素、殺蟲劑、農藥，沒有基因改造的問題。所以，只靠普拉納滋養的養生法使我們免於許多現代飲食的憂慮。

問：什麼是紫羅蘭之光？它為什麼那麼強而有力？

答：紫羅蘭之光由三種頻率構成。粉紅色光是「神聖之愛」的波浪在流動，作為催生和供養一切造物的原始食糧；白金色光是「神聖智慧」（Divine Intelligence），攜帶著需要用來創造的所有數學編碼與公式，可以透過次元表達自己，也可以操作宇宙場；加上「神聖力量」（Divine Power）的藍色光面向，提供用愛與智慧創造的實力與動力，並將創意思維轉化成可以觸知的現象。

普拉納課程運用創意觀想、經過導向的意志與純淨的意圖，讓紫羅蘭之光促使生物系統滿溢著提供養分且使之與水化合的宇宙粒子，如果系統經過明確的編程設定，就可以擺脫所有的人體極限，例如，老化、死亡或攝取外在營養等等。

問：如何利用紫羅蘭之光？

答：自古以來，煉金大師們就用念頭、意志、意圖導引紫羅蘭之光的方向，並藉由心靈感應的方式編程設定，以求提供剛才談過的明確結果。在次元生物場科學中，紫羅蘭之光也可以被用作支援或蛻變網格架構的基礎，使我們在增加普拉納流動的過程中，可以預防電路被燒壞。

問：你說的「燒壞」是什麼意思？

答：有些人在啟動亢達里尼（kundalini）[8]能量時，由於亢達里尼的效力強大，可能會淹沒整個生物系統，使肉體的電路發生問題，而且這種狀況不在少數。太多太快可能會造成損害，因此，紫羅蘭之光網格可以調節普拉納（亢達里尼）的流動。

問：還有別的方法可以使用紫羅蘭之光嗎？

答：紫羅蘭之光是靈性自由第七道光的視覺面向，目前被用來轉化，就煉金作用而言，目的在融合物質界以及夢境構成的非物質乙太界（夢境裡有更高階、更和諧的人類表達範型）。這是理想主義者與煉金大師憑藉意志力創造出來的世界，沒有不公平或健康與飢餓的課題，在這裡，普拉納的力量不但被了解，而且被用來實現顯而易見的個人與全球效益。

問：在你的其他著作中，談了許多「生物場網格」、「四體健美」、以及這些如何影響普拉納的流動，你可以就這些簡短闡述嗎？

譯注[8]：梵文，意為「捲曲」，是人體靈性的重要部位，隱藏在中脈底部薦骨腔內捲曲成三圈半的能量，又譯「拙火」、「靈能」等。

答：生物場網格（Biofield Grid）形成所有場域的基礎，且由攜帶著有用「編碼」資訊的光線與聲波構成。運用次元生物場的語言——「光的語言」（Language of Light），才可以看見生物場網格。凡是藉由聚焦在日常生活型態而啟動第六和第七感的人，都可以隨時使用「光的語言」。生物場網格圈住一切生命形式且被編入一切的生命形式之中，而人體的生物系統擁有一個內在網格構成的支援基座，稱作「光體」（Lightbody），支援經穴和腧穴。

問：關於光體以及它如何與普拉納的流動合作，可以分享更多嗎？

答：光體好比矩陣式的能量網，它是從能量場接收信號的天線，而這些信號不僅來自次元交互之間，也來自無數個源頭。每一個光體的作用就像廣播站和電視台，不斷將信號向外傳送到社會與全球生物場，藉由留下我們的共振印記而影響每一個人，也經由一套生物回饋迴圈系統，將我們真正的需求吸回到我們身上。光體也帶有所有藍圖與資料的編碼，而我們需要這些才能達致成功而有效的共同創造。

在次元生物場科學中，光體接收到的能量透過我們的太陽流動，下降頻率等級，以便餵養我們身體的經絡與脈輪系統。透過這些流動的能量品質決定我們的健美程度，而且流動的阻礙或約束愈少，我們就愈健康、愈快樂。我們的生物系統可以接收到的電壓，是由生物系統的接收能耐所決定。

問：可以多分享一些你對場域科學的研究嗎？

答：身為一位高頻光的研究者，以下是我對場域的部分了解。

首先，在生物場科學中，每一個場域都不斷影響著另外一個場域，而每一個場域的影響力有多大，則取決於每一個個體的頻率。所有的場域都是次元生物場網格的一部分，每一個網格都包含大量的頻率模式。網格點是光線與聲波交會之處，意識往往被拖曳到此，然後凝結並創造我所謂的「網格站」（Grid Station）。成功的生物場網格調頻需要藉助辨察力才能修煉，也需要我們對所有的網格站有足夠的認識，才能慎選我們的來源，提供讓我們磁吸到更多普拉納的方法。運用次元生物場科學的技巧，所有生物場都可以透過自己的基礎網格汲取新的頻率，同時影響每一個場域內的頻率並餵養各個場域。

每一個光體生物場網格，都預先在支援網格內所有生命的「神聖秩序系統」（DOS – the Divine Order System）當中，經過編碼。譯解這份資訊帶來生命中真正的圓滿具足，因為在次元生物場科學的藝術之中，大家最後會更加了解網格頻率調整器。生物場網格藉由能量傳輸操作，這方面由「宇宙天法」管轄。

應用我們在其他系列著作中討論過的「千禧年後的處方」（RECIPE 2000），次元生物場網格及其後續的傳輸信號，就可以和諧一致，或是得到徹底的檢修以及全面的重新調頻。

問：精確掌握場域流動對進化有何影響？

答：精確掌握能量場使我們的創造變得更有意識且更加刻意定向，同時有能力決定比較具體和期待的結果。這讓我們得以脫離生存在隨意混亂、充滿受害者意識或被其驅動的場域中，進而表現得彷彿我們是有智能、有創意的存有，經驗著認識自己與自我成就所帶來的好處。我們藉由一套我稱之為「場域照射」（field irradiation）或「滿溢」（flooding）的系統做到這點，這代表允許個人能級的強度得以淹沒周圍場域，並為周圍場域重新調頻。

問：量子物理學與普拉納有何關聯？

答：最簡單的說法是，量子物理學認為，當我們在次原子的層次檢視時，每一顆原子都是通向宇宙的門戶。普拉納就是流經這些內在的原子門戶來餵養我們，尤其是通過內部的紫羅蘭之光進食機制取用普拉納時，情況更是如此，這點將在稍後討論。

問：你可以用比較普通的常識來定義量子物理學嗎？

答：根據科學的說法：「量子力學是一種基礎的物理學理論，它延伸並修正古典的牛頓力學，尤其是就原子與次原子層次而言。『量子』之名源自quantum（拉丁文意為『多少』），物理學用這個術語來描述可以被細分的最小離散增量。量子物理學（quantum physics）與量子理論（quantum theory）兩個名詞往往被當作量子力學（quantum mechanics）的同義詞。」

「量子力學非常準確而精密地描述——許多古典力學完全無法用實驗加以證明的現象，包括各系列極小物體（通常是原子大小或更小的物體）的行為，也包括某些巨觀的現象，例如超導性與超流性。」

「它是許多物理學與化學領域的基本架構，包括凝態物理學、量子化學、粒子物理學。量子力學的基礎是二十世紀前半由馬克斯·普朗克（Max Planck）、愛因斯坦、尼爾斯·玻爾（Niels Bohr）、維爾納·海森堡（Werner Heisenberg）等人建立的。目前仍有人積極研究這套理論的某些基本面向。」

問：你經常談到共振以及成為音調和諧的樂器的重要性，如此，我們才能夠磁吸到足夠的普拉納能量在所有層次上滋養自己，那麼共振到底是什麼？

答：「在物理學中，共振（resonance）是振盪能量的增加量被某套系統所吸收，此時，振盪的頻率與該系統的自然振動頻率（它的共振頻率）相合。一個共振的物體，不論是機械式的、聲音的或電磁的，可能都擁有不只一個共振頻率（尤其是最強共振的諧波（harmonics））。該物體以那些頻率振動是容易的，要以其他頻率振動比較困難。該物體將會從某個複合激勵（complex excitation，例如某個脈衝或寬頻噪音激勵）中『挑出』它的共振頻率。事實上，該物體會濾除掉除了它的共振以外的所有頻率。」[9]

上述說法也適用於人體生物系統的諧波，生物系統可以經過調頻而與宇宙場完美共振，從而吸引到最大的普拉納流；或者，生物系統也可以是失調的，從而吸引到製造並激起疾病與失和的混亂調性。

問：人類有完美的共振嗎？如果有，又該如何調頻到這個共振？

答：人體系統的完美共振，就是其原始神性DNA編碼的共振，那是純淨的普拉納，被表達成洋溢著無限潛能的神聖之愛場域。藉由渴望知道自我本性的所有面向、有意識的意圖、生活型態以及選擇如何打發時間，就可以回頭與這些自然調性重新結合。

問：輪迴轉世的實相，有哪些部分與普拉納課程或是你個人的這類模型契合？

答：就我個人來說，我相信能量不滅的科學，能量不能被創造或毀滅，只是改變形相。我也相信，人類是一套能量系統，可以被調頻到不同的實相和經驗領域。對我來說，驅動人類能量系統的核心是不死的內在神性自我，祂的禮物與能力是無限的。當我們有意識地更常調頻至祂的管道，更少調頻至外在世界，我們就會變得更有效力，且以更加深邃而充實滿意的方式享受進化的過程。

問：什麼是形態生成場？

答：形態生成場是所有生命的振動調性的總合，亦即每一個生命能量場全都混合成一種特定的頻率，由擔任主導的組合驅動該場域，或是以設定的範型持有該場域。形態生成場是圍繞地球的場域，當人類的意識改變，形態生成場在宇宙場和次元交互場當中的印記也會跟著改變。

問：普拉納可以用科學的方法量測嗎？

與艾爾特拉揚（Cristiana Eltrayan）[10]共同回答：近年來，已經完成的大量科學測試，足以確立普拉納的存在與特性。不過，現代科學的方法強調，觀察者與被觀察者是分

注[9]：參見http://www.wordiq.com/definition/Resonance

編注[10]：羅馬尼亞的全人治療師，欲知更多訊息，可參見個人網站http://eurynome999.blogspot.tw/

開的，這是科學觀察的必要特徵。但傳統的普拉納理論卻強調，根據最基本的推論，被觀察者與觀察者事實上是同一個，兩者都是由普拉納構成，且是密不可分的。因此，觀察者因為觀察被觀察者而改變了被觀察者，這是在量子物理學層次實際發生的事。這使得用傳統科學方法精確量測普拉納變得相當困難。

問：普拉納流展現了什麼樣的其他特性？

與艾爾特拉揚共同回答：由中國科學家主導的許多科學試驗，確立了普拉納最了不起的特性，例如，普拉納已被證明能夠穿透牆壁與數十公尺的稠密物質。因此，中子、微中子、伽瑪射線、X光都被列入考慮，因為它們都具有這些特性。然而，經過測試，發現普拉納並不完全是這些發射物中的任何一個。

外來普拉納的本質在中國已被研究了許多年，幾乎涉及現代物理學的所有領域，例如，紅外線、紫外線、電磁波、微波、磁場、中子、電子物理學等等。然而，參與這些實驗的人員卻表示，外來普拉納的特性遠遠超越目前研究過的領域。顯然受限於當前人類對科學與技術的了解，外來普拉納還有許多的物理特性尚待發掘。

實驗證明，普拉納的發射，從發射者到實驗對象，距離可以長達兩千公里。這是科學難以理解的。無論如何，普拉納似乎並不遵守比例性相關的標準科學規則。或許最好將它與雷射光相較，可以行經長遠的距離，而且強度不因距離而大幅衰減。重點似乎是，沒有證據可以顯示，外來普拉納是重力或電磁力，因此未必遵照比例性的科學法則。

附注：所有關於外來普拉納治療的實驗，都必須由普拉納大師發射外來的普拉納，大師們是這個領域的治療師或老師。普拉納的發射會消耗普拉納大師的生命能量，而且是由大師們的肉體與心智狀況所管控。因此，不同時候的普拉納發射，只能取得類似而非完全相同的結果。再者，外來普拉納的實驗，往往產生似乎很難用現代科學知識加以解釋的結果，而且顯示的奇特現象往往超乎常理。

問：關於普拉納的發射，中國人還完成了什麼樣的其他研究？

與艾爾特拉揚共同回答：另一個科學上的怪事是，有能力讓固體穿越屏障的弔詭情境。最簡單的解釋是，擁有一度空間自由的物體，只能在一條直線上前後移動，如果直線上有障礙物，該物體就過不去。不過，擁有二度空間自由的物體，則可以輕易地繞過障礙物。只能在二度空間平面移動的物體，當它被圍成一圈的障礙物環繞，就會停住不動。但擁有三度空間自由的物體，則可以從上方輕易地跨越這個圍成一圈的障礙物，然後繼續前進。

於是自然會推論說，擁有四度自由的物體將不會被三度空間的障礙物所阻擋。因此，密封在瓶子內的一顆顆藥丸（藥丸擁有四度空間自由）不會因三度空間的瓶子而受阻。在藥丸接收到擁有非凡功能的普拉納大師發射的外來普拉納的那一瞬間，三度空間瓶子裡的藥丸就進入一個四度的空間。

來自航天醫學研究所的一位中國科學家，利用高速相機捕捉到藥丸逃出瓶子的完整過程。他在幾千張畫面中，發現了一張顯示半顆藥丸離開瓶子側邊的畫面，而接下來的三張畫面，則顯示整顆藥丸逐步落下。觀察者表示，一顆藥丸在接收到由普拉納大師發射出的外來普拉納的那一瞬間，進入了一種虛擬質量的狀態，藉此在沒有阻力的情況下通過瓶身，並在之後回復原來一顆藥丸的實際狀態。至於藥丸在接收到外來普拉納之後，為什麼進入第四度空間或是虛擬質量空間，當然沒有解釋。

問：關於普拉納的流動與發射，科學實驗得到什麼樣的結論？

與艾爾特拉揚共同回答：許多科學實驗的結論是，在外來的普拉納到達受測樣品之前，它並沒有明確的形相或狀態，例如紅外線、伽瑪射線或中子等，反而只擁有一般外來普拉納的特徵，例如穿透、對準目標、雙向性。唯有當外來普拉納到達並觸碰到受測樣品的那一刻，它才取得符合需要以原定方式改變這件樣品情況的指定狀態。舉例來說，外來普拉納可能作用如同紫外線、紅外線或中子，可以影響該物體。科學家們將這個特色叫做外來普拉納的「目標適應性」（target-adaptability）。

問：關於這些，有取用「純粹仰賴普拉納狀態維生」的各種模型或過程嗎？

答：有的，下列是我個人經驗到的模型或過程，以及幾個我覺察到的其他模型或過程。

- 《一個瑜伽行者的自傳》（*Autobiography of a Yogi*）書中討論過吉里．芭拉與德蕾絲．紐曼選擇的途徑，吉里的方法是克里亞瑜伽（Kriya-Yoga），德蕾絲的方法是對神性抱持莫大的信心、信任與愛。
- 印度的《吠陀》（*Veda*）文獻提到的古老瑜伽之路——同樣採用克里亞瑜伽與「調息法」（Pranayama），運用呼吸與光。
- 莫里斯．克羅克（Morris Krok）運用各種生活型態提升法，詳細內容請見《飲食、健康、以氣為生》（*Diet, Health, & Living On Air*）。
- 一九七〇年代早期的威利．布魯克斯（Wiley Brooks）——我不確定他的模型到底是什麼模樣。
- 《以光維生》一書中概述的「二十一天進程」，這是增加普拉納流動的一種靈性啟蒙活動，其中的一項小小副產品可能是擺脫實體食物的需求。**對尚未準備就緒的人來說，這個模型可能有危險性。**
- 普拉德．賈尼（Prahlad Jani）經由軟顎中的一個洞得到餵養且與水化合的模型，如蘇迪爾．夏（Sudhir Shah）醫師在印度亞美達巴德（Ahmedabad）的研究所示。

- 《眾神的食物》一書中提出的模型，結合生活型態工具以及道家與吠陀的方法。
- 希拉・拉坦・馬內克（Hira Ratan Manek）的太陽能滋養法，將在後續更詳細地討論，如夏醫師在印度亞美達巴德的研究所示。
- 齊奈妲・芭瑞諾娃（Zinaida Baranova）的方法：至高無上的信任、信心與愛。
- 《愛的法則》一書中提出的模型，運用古老的道家工具與未來科學，分享免於流質與食物的生活方式。
- 根據美國廣播公司ABC的新聞報導，還有一個案例是，尼泊爾境內一名十五歲的佛教徒男孩拉姆・巴哈杜爾・班堅（Ram Bahadur Banjan），從二〇〇五年五月十七日開始，他就坐在巴拉（Bara）叢林中的一棵樹下，截至當年十一月該則報導出現時，他已經有六個月不吃、不喝、不說話。

不同次元交互的生活

問：什麼是次元交互的生活？

答：這是經由意識擴展的旅程，經驗到我們與生俱來的多重次元特性。改變自己的腦波模式，我們就可以在自己的內在與周圍經驗到更微妙、更細緻的，次元構成的不同實相。

問：你在早年出版的幾本著作中不斷提到「聖哲」（Holy Ones）與「光的存有」（Beings of Light），有人曾經針對這點批評。這些與普拉納課程有關聯嗎？如果有，是什麼關聯？

答：可以說毫無關聯，也可以說事事相關。首先，我所經歷的啟蒙過程為我帶來擺脫實體食物需求的禮物，那是透過揚升網絡得到的。這個啟蒙過程於一九九〇年代初期下載自第四道神聖火燄白光大師瑟若佩斯貝（Serapis Bey），經過總部位於澳洲的一支小組測試，獲得各方面的成功。對某些人來說，這是輕易的轉換，對某些人則否，不過每一個人都經驗到直覺能力提升了。隨著那些能力的擴展，我們更常接觸也更加了解次元交互的生活。

問：在普拉納課程中，知道或經驗到這些「光的存有」是一個重要的面相嗎？

答：不是，舉例來說，有些人只喜歡佛教徒或回教徒的宇宙電視頻道，絕不隨意搜索頻道，因此，這些人經驗到的次元交互的實相就會因選擇而受限。有些人則將自己的次元經驗局限在三度空間地球，與地球上努力求生存的遊戲。一切都是可能的，如果我們可以想到某事，這事就可以在某種層次上被帶入實相，否則我們不會興起那個念頭。因此，我們可以運用場域的科學取用普拉納課程的許多好處。當我們對課程的頻率管道敞開時，宜人討喜的其他好處——例如與次元交互的生活取得聯繫——才能被享受到。身為有創造力的存有，我們可以選擇停留在我們渴求的任何實相中，不過選項會隨著教育與經驗而擴大。

問：你常說，人類的進化，尤其是普拉納課程，受到次元交互之間的大光與大愛的存有強力影響，可以多分享一些這方面的資訊嗎？

答：在我經驗到的實相模型中，有許多的次元交互之間的小組正調頻至地球的進化過程，他們引導並強力影響，有時候更會介入，例如，導演史蒂芬・史匹柏一齣稱之為〈幽浮入侵〉（*Taken*）的電視連續劇，非常關注澤塔網罟座（Zeta Reticuli）與其實驗的干預介入。不過，也有許多善意的靈體，藉由無限的愛與智能的宇宙場，將許多進化的強化技術下載至開放的心靈，藉此引導地球；從普拉納課程到「特斯拉」（Tesla）技術等免費的能量系統，不勝枚舉。

問：普拉納課程的滋養面向最初難道不是來自古老的智慧源頭，而非次元交互之間？

答：所有的智慧都是——在某個時候——透過意識擴展的行為，以次元交互的方式被下載下來，這類意識擴展讓個人更加親近「無限的愛與智能的宇宙場」。

問：你多年來提倡「甜美生活型態計畫」，以此增加普拉納的流動。你是如何發現這個方法的？

答：這是一套八要點行動計畫，包括冥想、祈禱、掌握心智的力量、素食、運動、服務奉獻、花時間在大自然當中靜默、以及運用神聖音樂與唱頌梵咒。我發現，正在經驗普拉納課程多數利益的每一個人，都實踐了這八大要點形成的生活型態。當我向聖母瑪利亞要求消除人間苦難的處方時，這也是我以心靈感應從聖母那裡接收到的生活型態。

問：在某些宗教信仰非常虔誠的國家，你在次元交互的生活方面的工作，遭到的批評更勝過普拉納課程，你認為為什麼會這樣？

答：宗教與政權往往如影隨形，其中許多人提倡，次元交互之間的接觸，只有透過上師或神職人員等中間人才有可能。不過在我的實相與經驗中，其實是我們的能級決定能否與聖哲和天使們接觸。許多權力媒介不喜歡聽人說，神在內在，我們可以直接去到「本源」拿取任何東西，因為這會改變權力的結構，消滅對中間人的需求。

問：你描述過戰士與女神之路。戰士的紀律很清楚；但女神與聖母頻率是怎麼一回事？

答：在某個層次上，活出只靠普拉納滋養的養生法就是一條戰士之路，而做到這事並不包含在每一個人的生命藍圖中。要達到這個目標，我們需要保持平衡，這需要融合所有的能量，包括男性與女性能量。但保持平衡對不一樣的人意謂著不一樣的事。當我為「光的大使職務」進行研究且親自經歷那番體驗時，我不但被守紀律的戰士能量所吸引，也需要這份能量。

既然我們的工作基礎已經奠定了，能量已再次轉變成將更多的女神特質表達成神聖母親，因此，過去幾年來，我的焦點已經轉移到在我們的內在與周遭顯化神聖之愛的好處，以及因此吸引到的「恩典」經驗。此外，化為聖母頻率的女神能量，如今正以次元交互的方式照射穿越，以求穩定我們的世界，使它的表現更加平和。

第三章

食氣者可能經歷的生理變化

問：在準備迎接普拉納課程的過程中，你說：「學習聆聽身體的聲音，以及發展強健的心靈／身體連結的需求。」這是什麼意思？

答：這是第一批必要條件之一，它意謂著接受並經驗到下述事項：

● 身體完全有能力告訴我們它到底需要什麼。即使身體正飽受健康不佳或疾病之苦，它也可以確切地告訴我們，需要什麼步驟才能治癒它。我們可以每天憑直覺擷取它的聲音，也藉由使用一套類似肌肉動力學的系統，例如，我們在本書第四章中提出的工具。

● 其次，強健的心靈／身體連結意謂著，不但在經驗上理解到，身體系統的每一個細胞，不斷地協調到與我們的思維一致，而且明白，經由思想實驗的過程（例如，由思想監控著我們看見正向思考的好處在哪裡），這會對身體造成什麼樣的影響。

在經驗普拉納課程的所有好處的過程中，這兩點都很重要。

問：你還堅決主張，人們不但要學習去聆聽，更要仔細聆聽並採納內在神性自我的指引，而且這在準備過程中也相當重要，為什麼？

答：我們全都是獨一無二的，所以並沒有一種增強普拉納流動就可以經驗到普拉納所有好處的方法。我們的個人共振場決定宇宙粒子磁吸的過程，而且這個場域受到我們的環境、基因遺傳、過去經驗，以及因這一切形成之心態與觀感的影響。因此，只有內在神性自我擁有我們需要的所有答案，因為祂在本質上是不死的、全知的，在資訊或指引方面沒有局限。如果我們可以有系統地闡述問題，答案就會出現。在普拉納課程中，我們的身體該如何回應，以及它需要什麼才能維持完美的健康與營養水平，都只能來自於這個內在的直覺聲音，因為唯有內在神性自我深知我們的生物系統，有辦法提供一切的洞見與答案。

問：你總是說，一個人需要採納某些普拉納課程的思維模式，而且需要致力於掌握心智的力量，可以針對這方面詳細說明嗎？

答：我們的信念與自我對話不斷影響著頭腦與細胞的運作，因此，某些心態與思維模式需要被了解與採納，才能開始得到普拉納的滋養。一旦我們了解到普拉納是什麼，以及它如何餵養我們，那就需要期望普拉納能達到這樣的目標。若要成功得到普拉納的滋養，需要具備如下的態度：

「我的一切滋養品、一切維他命、一切礦物質，我所需要維持健康身體的一切，全都來自普拉納。」這是第一步。接下來的態度是：「我只因愉悅而進食，不因需要而進食，因為普拉納提供我一切所需。」這是另一種全新的思維模式。兩則指令都有助於為腦部的神經通路重新接線。

問：你說：「我只因愉悅而進食，不因需要而進食。」可以解釋一下是什麼意思嗎？

答：首先，如前所述，這樣的聲明開始重新設定腦部的神經通路。其次，這樣的聲明接受話中的可能性，從而使這個說法變得更加真實。較早的一項調查發現，經歷二十一天進程的人們，有百分之七十三最後又回頭進食，而根據統計，採納眾神的食物普拉納課程的人們，回頭進食的比例少了許多。這是因為，一旦你知道不需要食物，也因親身經歷而證明不需要食物，你就可以選擇。這是莫大的自由——不需要食物，也失去對食物的依戀，只是隨意地因愉悅而進食，不再規律地因需要而進食，這反而對全球食物資源的消耗造成巨大的影響。

問：許多人說，增加流經身體系統的普拉納，同時提高了他們的敏感度，這往往令他們感覺到難以招架人世間比較稠密的能量。為什麼會發生這種事？這些人該如何對抗這種事？

答：這是因為我們處在「無意識吸收」的模式，意思是，我們十分清楚周遭的事，也對這些事非常敏感，而且允許這一切滲透到我們的氣場，這往往榨乾我們而且難以招架。因此，我們需要切換到只放射而不吸收的思維模式。我們接通內在由愛、智慧、力量構成的無限源頭，完成切換，接著刻意地透過自己放射這股混合的能量，先從內在層面放射，然後再向外放射到人世間。我們也可以將自己像蠶繭一樣包覆在紫羅蘭之光的場域中，並利用在《眾神的食物》一書之中，詳細分享過的一些生物屏蔽裝置（Bio-Shield device）。

問：一個人如何成為普拉納滋養者？如何增強普拉納的流動？有什麼必要條件嗎？

答：要成功做到這點，個人需要成為音調和諧的樂器，修煉掌握心靈的力量，也就是說，有意識地重新編程設定，消滅任何限制性與不榮耀的信念。所謂的不榮耀，我指的是，所維繫的信念並沒有體認到內在神性自我的榮光，以及祂為我們的生命帶來的禮物。此外，我們需要將個人的共振場重新校準到特定的頻率，為的是吸引到足夠的宇宙粒子，以健康的方式滋養我們。成為普拉納滋養者的其他必要條件，只不過是衷心渴望成為無限的，並以和諧對待他人的方式活出最大潛力的人生。這裡的重點在於尊重自己，尊重到足以敞開心扉地探索扣人心弦的可能性，足以對活著滿懷熱情，保持洋溢著喜悅與感恩的心，喜悅並感恩我們已被賜予的禮物，得以同時創造並見證創作之莊嚴雄偉。這樣的思維模式也會增加宇宙粒子流的宇宙火面向。宇宙火就是神聖之愛。

對某些人來說，這也代表能夠從所有的次元，透過五種身體感官吸收我們渴望的一切。之前分享過，增加普拉納的流動，也需要我們啟動活化並刺激體內掌管這些功能的主要腺體——腦下垂體與松果體，藉此利用直覺與知曉這兩項比較精微的感官。

問：你個人注意到哪些具體的生理變化？

答：我的胃縮小，新陳代謝速率減緩，在我開始「小口小口地吃」——以滿足我對味道的興趣——之前，我從不覺得飢餓。我需要的睡眠大幅減少，心智清明度提高了，情感上變得更超然。我從某種角度感覺到非常的「輕盈」、更加浩瀚、更加多重次元。有時候——走路的時候——我感覺到，我的腳步和影子是我知道自己是身體的唯一原因，但這只是初期階段，隨著時間的流逝，我變得更加腳踏實地、更加完整。有些這類事情可能是因為目前流入地球的能量正影響著許多人。在轉型的前幾個月，我還經驗到在洗頭和梳頭的時候多掉了一些頭髮，其他人也描述過同樣的情況。這只是暫時現象，大約一個月左右便回復「正常」。

問：你常說，一個生物系統可能要花六到九個月，才能調整到課程中只靠普拉納滋養的面向，為什麼？

答：這同樣仰賴我們將在下一章詳細檢視的個人能級校準值。無論如何，我的研究已經發現，儘管能量水平頗高，但諸如體重穩定之類的事情，往往需要六到九個月，所以，我們需要有耐性，讓課程根據需要的時間進行微調、好好校正。

對體重的影響

問：一旦只仰賴普拉納滋養，該如何維持體重？

答：透過重新編程設定身體，以及強健的心靈／身體連結，加上擁有以再教育為基礎的信任與信心，了解當我們增加普拉納的流動同時表現得像是身體的主人時，這個載體會如何運作。

一個人如果不進食，就一定會體重減輕然後死亡，這樣的想法只是——信念。社會告訴我們，我們需要均衡的飲食、維他命等等才能健康，而且，基於信念系統的緣故，這對一般人來說就是真理。得到普拉納供養，其實更關係到我們的靈性旅程和覺醒，這是因為我們可以得到內在神性自我的光與愛的供養，內在神性自我有能力在所有層次上顯化我們的一切需求。

肉體是心智體的僕人，當它們連成一氣時，就可以服務靈性體。藉由改變自己的信念與思維模式，我們可以單純地將自己編排成可以維持某個渴望的體重數值，而且必會達成目標。身體的每一個細胞不斷地聆聽我們的自我對話，如果我們的自我對話是限制性的，那麼細胞就會以限制性的方式表現。

建議處在這個轉型期不要量體重，因為即使像：「哦，不，我只有＿＿＿＿！」這樣的想法，也會打亂我們正導入系統的全新編程模式。

在今天的印度，有瑜伽士對自己的分子結構下達這樣的命令，說他們可以一次被活埋幾個星期，或是可以喝下毒藥，兩者都不會對身體造成負面的影響。他們達成這個目標，是因為能夠精確掌握自己的肉體、情緒體、心智體系統。此外，目前已有研究針對安慰劑探討意念的好處。

問：轉換之後，為什麼有些人可以讓體重迅速穩定下來？有些人卻辦不到？

答：我們的研究顯示，這取決於個人掌握心智的能力，還有昔日細胞記憶的影響力，以及個人的校準能級。

問：為什麼有些人轉換到普拉納課程時，體重並沒有減輕？

答：因為這些人已將能級校準到足以吸引需要的完美宇宙粒子流前來餵養他們，而且在轉換之前，這些人的實體膳食通常已減至最少，譬如，一天吃一小餐不易發胖的食物，水果或生菜加上所有維他命等，均可來自普拉納的思維模式。

問：有人不吃實體食物還會體重增加，這是怎麼一回事？

答：不奇怪，愛的能量可以餵養我們，我們透過自己的系統增加這股愛之流，它會使我們的體重增加，除非我們將過多的能量透過無私的服務重新導入人世間。顯然，「施」與「受」可以保持能量平衡，然而只是接收並儲存會導致過量。

問：你個人的能量品質如何？感覺過疲倦嗎？

答：很少，當然這要看我做多少事而定。由於我的創造力已大幅增長，所以我始終必須覺察到是否平衡，而且要確定，花時間從事的每一件事，都是我熱愛且使我對人生保持強烈熱情的事。對人生缺乏熱情會榨乾我們，這就好比選擇有毒的存在方式會榨乾我們一樣。

問：你需要許多睡眠嗎？

答：我發覺，我的能量水平始終保持在高檔，極少缺乏能量。因此往往可以輕而易舉地每天致力於工作達二十小時，然後才覺得想睡。我注意到一件事，我無須睡眠的能力，取決於當時將頻率調至「哪一種能量」。如果我正在「工作」，而且有意識地接通我所謂的宇宙服務電路板，那麼我會精力非常充沛，感覺需要的睡眠大幅降低。

問：如果人們很少睡覺，難道不會懷念夢中時光嗎？個人作清明夢的能力會因為採用普拉納課程而增長嗎？

答：兩個答案都是肯定的。

有時候，普拉納滋養者可能會刺激消化系統採取行動——經由食物的攝取——讓自己感覺到疲累，進而安然入夢。當我們降低自己的肉體、情緒體與心智體的毒性，作清明夢的能力就會自然而然地增長，不過在這個領域訓練自己也會有所幫助。

問：身體的廢棄物排泄、排尿、排便，如何進行？

答：這視個人的程序而定，得到普拉納滋養的某些人，基於社交的理由，一個月食用一次少量餐點，有些人一週食用一次少量餐點，有些人只靠液體維生，可能包括清淡的湯、咖啡、茶（他們將這些蛻變成對身體有所裨益的頻率），有些人主要是喝水，偶爾為了嚐味道而喝果汁。除了從普拉納取得滋養，他們還攝取了多少營養，這會決定他們的排泄量。

這也取決於，我們是否住在高度污染的外在環境中，例如忙碌的城市，或者住在海濱或山上等比較純淨的環境中，空氣中與周遭環境均含有高度的普拉納。據說，經由某些研究來源，我們一天可以透過肌膚的毛孔，吸收高達兩公升的水，完全從大氣中飲用，因此，就連真正不吃不喝的食氣者，還是會以這種方式取得外來的水分，因此一定會繼續排尿。

當我每天最多喝三小杯液體時，發現自己會排泄流質，而且大約每三週排泄一次我所謂的「兔子糞便」，這令我不太舒服。當時直覺告訴我，我住在城市裡，污染和死亡的細胞會讓這情形持續下去。我後來發現，一週喝一次少量的黑棗汁，可以讓這樣的少量排泄變得舒服些。

問：身體鍛練在普拉納課程中扮演什麼樣的角色？你為什麼總是鼓勵人們增長肌力？

答：基本上，強健的系統會吸引、保有、放射更多有效力的頻率。增長肌肉量有助於這點，所以，我總是建議採用一套增進氣力與彈性的訓練計畫。阿斯坦加瑜伽（Ashtanga-Yoga）、舉重、舞蹈或是受到吸引去從事的其他任何鍛練均可，在海濱或山上等高度普拉納的環境中散步，也有所裨益。

問：月經會怎麼樣？

答：女人天生就帶有定量提供受孕的卵子，因此，如果身體健康並得到滋養，那麼月經就會持續到全部卵子均被釋出為止。如果一名女子接收到可以保持其健康的足量普拉納，那麼她將會持續月經來潮，直到不排月經的時間自然到來。

問：你吃維他命嗎？

答：不吃。我最先了悟到的幾件事之一是，我一定得放掉——還有普拉納以外的其他東西能夠滋養我的想法。如果我要改變自己的思維模式，完全信任單是普拉納就可以供養我，那麼我就不用再服用維他命，因為沒有必要。這對我來說相當不容易，因為在轉換到純粹仰賴普拉納膳食之前，我素食了二十多年，一直服用維他命，特別是螺旋藍綠藻和B_{12}。如果你信任普拉納可以供養身體並幫助身體再生，而且與普拉納頻率管道連成一氣，那麼就一定可以辦到。

身體需要有益的營養和維他命，當我們錨定在某個腦波模式時，那是必要的，在發現這點之後，最美妙的是，知道當我們錨定在西塔－德爾塔波境界時，身體可以不同的方式取用滋養品，從而剔除掉我們透過實體食物或補充品取得維他命與礦物質的需求。單是這點就非常令人有解脫感，且在財務上有所裨益，因為普拉納不僅是免費的，而且人人唾手可得。

問：如果某人正在接受藥物治療，這人若過著只靠普拉納滋養的生活，這樣安全嗎？

答：這事只有當事人的內在神性自我可以引導當事人。做這事的人，不論是誰，都需要強健的心靈／身體連結，而且要信任並聆聽內在神性自我的指引。

問：對於這個普拉納的過程及其不再需要實體食物的面向，你面臨過的最大挑戰是什麼？

答：我得說，我的挑戰一直是對味道有一份揮之不去的渴望，以及必須面對將這份研究公諸於世的生命藍圖。由於我的背景的關係，肉體對我來說一直相當容易精確掌握。也因為我接受的歐洲式教養，以及這類教養在社交上強調食物與分享，因此處理對食物的情感依戀就不是那麼容易。你只要檢視人們吃些什麼、什麼時候吃，就可以看出，百分之九十的進食是基於情感的課題，就連社交聚餐也是肉體與情緒共同驅動的。

掌握心智體一直是最困難的。何況只要「禁食期」加長，感官就被大大提升了，嗅覺、觸覺、聽覺、視覺、味覺，所有這些原本是在生活中自然而然地得到滿足，然而當一個人停止進食或品嚐，味道的感官就被忽略了，所以這可能需要調整。

這條路上的某些人調出了種種香氣濃郁的飲料，以便滿足他們對味道的渴望。由於我一開始主要是保持喝水和茶，而且一心想要超越對食物的覺識，久而久之，對味道多樣化的渴求變成我的一個重大課題，而且是一個我仍舊不時沉迷的課題。

純淨的養生方式

問：如果我們選擇不再進食，而且讓普拉納滋養我們，有沒有其他方法可以滿足我們對味道的渴望？

答：阿育吠陀（Ayurveda）傳統提供種類繁多的香草與香料，可以完全滿足我們對味道的所有渴望，香草可以被浸泡在熱水裡，像喝茶一樣飲用。這門療癒的吠陀科學也連接我們的味蕾和器官，有些人已經開始進一步研究這方面的連結。此外，我們發現，芳香療法是一種藉用嗅覺來滿足我們味覺感官的強大方法，因為當聞到許多精油時，將會緩解個人對味道的渴望。

問：例如靜心冥想與逐步的膳食精煉提升等生活型態工具，對轉換到純淨的普拉納滋養脈流有多大裨益？

答：肉體、情緒體、心智體與靈性體滋養的最大來源，在於日常生活型態以及選擇如何打發時間，因為這些是不斷重複的。創造肉體的健康、健美與強度仰賴若干因素，而且這個領域的許多相關研究已經完成，例如，我們知道，飲用純淨的水、食用新鮮健康的食物——最好是素食、規律運動、靜心冥想，以紓解心智與情緒的壓力，這些對我們都是非常有益的。

身為靈修者，我們也知道，花時間在大自然中靜默，藉由去除生物系統的老舊程式與重新編程設定，來鍛練自我掌握與心智掌控，以及使用神聖虔敬的音樂或是反覆唱頌和梵咒，對於創造心智與情緒的健康都有極大的裨益；加上每日無私的服務與祈禱，於是我們擁有一套基本的健康幸福生活型態處方，這將會幫助我們調頻至完美的頻率場域，最終得以享受所有普拉納課程的好處。在我的著作《四體健美：生物場與喜樂》（*Four Body Fitness – Biofields and Bliss*）一書中，詳細地分享了這個生活型態。

問：你總是說，純淨普拉納膳食的成功有賴個人的共振，你這麼說是什麼意思？

答：如前所述，個人的共振是我們的生活型態與選擇如何度日所造成的結果，這會影響我們傳輸至宇宙和全球場域的頻率類型。保持平衡、帶著愛意覺察自己與他人、過著聆聽直覺聲音的生活，所有這一切都會影響我們的個人共振場，進而影響宇宙場對我們的回應。我們所傳輸的頻率類型，決定我們可以吸引、保有、利用與放射哪一種層級的宇宙粒子或氣。因此，我們可以藉由這股流動在內在層面餵養自己，也可以基於我們放射的能量，透過「臨在」餵養人世間。

我想要補充的是，心的純淨是從西塔—德爾塔波場域，取用純淨普拉納的重大關鍵之一。這意謂著，我們的情緒場需要隨著真摯、謙遜、臣服與慈悲的信號脈動，然而，除非置身名為「人生」的課堂中，藉由與活著的生命互動，否則這些事項是教不來的。

問：你總是說，人們需要在普拉納課程中保持誠信，不期待因這個選擇而受人歡迎或得到支持。可以解釋一下是什麼意思嗎？

答：帶著誠信行事的人將永遠免於後悔，尤其當這些人帶著心的純淨行事且渴望傳達利益眾生之事。然而，這卻庇護不了心的純淨，使其擺脫憤怒、無知或困惑，因為這些人勢必因看法不同而備受挑戰。情況就是這樣，而且一直是這樣，或許未來還是這樣。同樣的，我先前著作包含的資訊，已經挑戰且將會挑戰從醫學和製藥甚至到全人健康等許多產業——因為當我們真正契入這個滋養領域時，所有的不適與失調將會消失無蹤，因此，這些領域的許多從業人員一定會發現，需要他們提供的服務愈來愈少。我們提出的研究會帶來重大的改變，而這個巨變威脅到許多人，使這些人偏向否認這個事實。

問：灌腸對系統排毒、使系統準備好迎接純淨的普拉納膳食，有什麼好處？

答：保持生物系統完全無毒，不論針對肉體、情緒、心智或靈性層次，都是永遠有益的，然而，當我們受過良好教育，知道如何執行時，這事就更容易完成。如果因為膳食的選擇與態度而製造出高度的毒性，那麼我們可以用許多方法滌淨系統。改變飲食、使用灌腸，重新平衡並刺激緩慢的排泄系統以及斷食，這些均有其價值，需要在個人覺得恰當且身體需要時加以執行。要記住，身體有它自己的聲音，需要透過直覺仔細聆聽。

問：在嘗試只靠普拉納維生的養生法之前，經驗標準的斷食法有幫助嗎？

答：絕對有幫助。斷食與戒絕食物擁有許多有裨益的效果，如果搭配普拉納課程，不僅有助於準備工作的進行（就排毒的角度看），而且有助於降低我們對各種味道的情感依賴，為我們帶來洞悉社會反應與全新行為模式的洞察力，而當一個人斷食且戒絕分享實體食物的社交場合時，這類事情就會發生。間歇性斷食也可以幫助我們適應社會的反應，且可以教導我們全新的社會互動方式。

問：關於斷食，你還可以告訴我們什麼訊息？

答：《大英百科全書》說，斷食（fasting）是「戒絕食物或飲料，或是兩者，基於儀式性、神祕性、苦行修道，或是其他宗教信仰以及倫理道德的目的。此一戒絕可以是完整的或部分的，時間可長可短。斷食自古以來一直在世界各地施行，包括許多宗教的開山祖師與信眾，以及文化上指定的個人（例如，獵人或負責啟蒙點化儀式的候選人）……

在古代民族與文明的宗教之中，斷食是一種習俗，幫助個人——尤其是男女祭司，做好接近神明的準備工作。在古希臘的神祕宗教（例如，醫神阿斯克勒庇厄斯〔Asclepius〕的治療膜拜儀式）中，人們認為，只有當虔誠的信徒經過全心全意地斷食齋戒後，神明才會藉夢境與異象示現神的教誨……在傳統民族或無文字民族的宗教之中，斷食往往在異象出現之前或其間施行（例如，美國西北太平洋岸大草原的北美印第安人）。在西伯利亞通古斯族（Tungus）中的鄂溫克人（Evenk）之間，薩滿（被認為具有療癒力量與心靈溝通能力的宗教人物）剛開始接收到的異象往往不是透過追求而得，而是在難以解釋的患病過後不請自來；不過，在經歷那次異象之後，薩滿便進行斷食，訓練自己去看見未來的異象並控制靈力。」

研究繼續分享：「自古以來，斷食與掌握靈性的力量一直如影隨形——從美國西南方的普埃布洛（Pueblo）印第安人，到利用特定靜心依據明文規則完成斷食的印度耆那教徒（Jainism），全都引發出神與高度敏銳的覺識。」

「在小乘佛教中，佛教徒逢神聖節日齋戒，而印度的聖人（Sadhus）則是出了名的經常斷食。在西方，猶太教、基督教與伊斯蘭教也強調在某些期間斷食——贖罪日（Yom Kippur）、四旬齋（Lent）、齋戒月（Ramadan），都是許多人因宗教意識形態與儀式而形成的斷食與禁食期。」就連聖母瑪利亞造訪例如法蒂瑪（Fatima）等地時，也曾經談論過祈禱與斷食的力量。

問：你說過只靠普拉納滋養的好處，所以當一個人允許純淨的普拉納滋養自己時，體內可能會發生什麼樣的生理變化？

答：生理變化可能包括：我們的胃縮小、新陳代謝速率改變；我們得到更多的能量，因為普拉納是比較純淨的來源（沒有化學藥品）；我們睡得較少、變得更強健，從不感到飢餓，因為我們在不同的層次上得到餵養，而這也可以照顧我們的肉體、情緒體、心智體與靈性體的飢渴；我們的雙眼明亮起來，反映出比較快樂的靈魂，而我們的腦下垂體與松果體往往也明亮起來，變得更加生氣蓬勃。

問：你可以運用肌肉動力學之類的測試方法，決定我們得到普拉納餵養的百分比，同時把這當作一部分的準備過程嗎？

答：可以的，根據大衛．霍金斯（David Hawkins）在他的著作《心靈能量：藏在身體裡的大智慧》（*Power vs. Force*）之中的研究，有許多東西可以辨別人體生理系統目前的運作方式。在下一個部分，除了進一步談論霍金斯的著作，我還會分享許多辨別身體資訊的方法。此外，我們將會提供問題，讓你可以找到關於轉換到普拉納課程的答案，同時檢查自己目前處在其中的哪一個階段。

問：為肉身不死做準備是怎麼一回事？

答：走訪世界各地期間，我察覺，愈來愈多人發現，他們的生命藍圖包含天生預先設定去學習並親身示範肉身不死的興趣與能力。我們的研究發現，要成功做到這點，需要：

- 放下受限的信念系統以及對肉體死亡的一切恐懼。
- 釋放掉人難免一死的限制性信念。
- 重新設定生物系統的主要腺體。
- 表現得彷彿肉身不死對人類而言不僅是可能的，而且是真理。將自我對話模式重新改換成「我永遠擁有」不死之身的實相。❶

問：由於普拉納的滋養，老化過程會自動停止嗎？

答：未必會自動停止，這取決於我們的心靈對話，以及我們的主要腺體目前正釋放哪一類型的荷爾蒙，因為這些腺體可以製造死亡荷爾蒙或是維持生命的荷爾蒙。主要腺體製造什麼樣的荷爾蒙鏡映出我們的信念。

問：停止老化過程只是一個增加普拉納流動的結果嗎？

答：不是的。我們還需要在心態上下功夫。此外，也需要重新設定主要腺體的功能，讓它們透過內分泌系統改變荷爾蒙的流動，內分泌系統是生物系統的橋樑，銜接物質界與非物質界。

問：我們該如何停止身體的老化過程？

答：與上述為肉身不死做準備的答案類似，要特別聚焦在自我對話以及重新設定主要腺體的荷爾蒙製造。許多人不懂限制性的自我對話對人體造成多大的損害，也不懂人體對無限思維的回應有多棒，更不懂諸如「我一天比一天年輕」的命令是多麼的有裨益。同樣的，解決這個問題的適用工具，詳列在《眾神的食物》與《愛的法則》書中。

問：你提出一般人可以精確掌握終止死亡與腐朽的技巧；但這是不是要花好幾年或是好幾輩子的時間？

注❶：如欲查詢深入探討這個主題的文章，請見網址 http://www.selfempowermentacademy.com.au/htm/divine.asp

答：誰會說街上的那名男子前世不是瑜伽士？如果你在其他累世曾經受過訓練且維持著那個能級，那麼有些人可以輕而易舉地點擊一下就進入。我們是誰啊，怎能說某人平凡無奇或是懵懂無知？他們也許在另一世接受過驚人的神祕派訓練，而此生正忙著完成看似比較平凡的其他任務，因此，當他們得到這份資訊時，引發某樣東西，於是就切換到截然不同的存在方式。的確，這是一次啟蒙點化，需要漫長時間才能讓人順利養成。許多人經歷過我在第一本著作中談到的普拉納轉換過程，但卻無法維持只有普拉納的生活型態，因為這些人的共振並沒有從內在或外在層面吸引到足夠強大的宇宙粒子脈流。對於懷念進食愉悅的人來說，這也可能是一大挑戰。

問：你以前經常談到，需要保持肉體、情緒體、心智體與靈性體的健美，以求成功地仰賴只靠普拉納滋養維生，最近，你比較把焦點放在能級校準，為什麼？

答：我們將在下一章詳細討論能級校準（calibration），能級校準純粹是一種已證明安全無虞的量測方式，可以量測我們是否準備好迎接此一課程，由於能級是明確的指標，它確認我們的健美程度，所以兩者是相關的。

關於瑜伽修煉法

問：你根據克里亞瑜伽實踐的普拉納滋養，與尤迦南達（Yogananda）在他的著作《一個瑜伽行者的自傳》之中描述的滋養法一樣嗎？

答：在這份工作中，我們全都涉入同樣的生命藍圖，這是有些人稱之為「宇宙心靈」的矩陣（matrix），握有宛如在「宇宙電腦銀行」之中的資料。我認為，尤迦南達也接收到來自這個領域的資訊「下載」，因為本質上，我們談論的都是同一件事，雖然一個人並不需要操練克里亞瑜伽就能以光維生，但我個人覺得，其中的普拉納呼吸法是有幫助的。我們的工作是以這個前提為基礎：儘管我們全是平常人，但我們也都是神的樂器，可以有意識地調頻自己，經驗到有些人認定的奇蹟。

問：對成為普拉維滋養者而言，瑜伽的訓練有多大裨益？

答：瑜伽已在西方世界大受歡迎，所以最好要了解不同類型的瑜伽修煉法以及它們與普拉納進食的關聯。首先，要提供特定的神性養分取用程序事實上是不可能的，因為就如我們不斷強調的，這裡的重點完全在於個人的頻率，而個人頻率是由我們的過去和當下經驗以及態度所決定，因此不會有兩個人是相同的。不過，我們可以提供一套調至神性養分普拉納頻率管道的精選工具，讓個人可以利用這套工具來做實驗，而瑜伽修煉法就是這些工具之一。

問：你提到克里亞瑜伽和太陽瑜伽，可以解釋兩者的差異和它們的好處嗎？

答：翁拉姆・麥可・艾凡霍夫（Omraam Mikhael Aivanhov）[2]在他的太陽瑜伽著作裡分享：「藉由將全部的專注力量集中在太陽上，沉浸在這一切原始純淨裡的他（某位神祕派學生），可以捕捉到需要的元素，並將其吸引到自己裡面，以此確保他的健康與均衡。」他還說，由於太陽提供一切元素給所有的生命，我們才能仰賴它的純淨本質為食，以及：「如果你想要像太陽一樣，就必須帶著莫大的愛與信任凝視它。以此方式，你將變得更溫暖、更光輝、更善於將生命灌注到他人裡面。處在他人之間，你的臨在將是一顆太陽的臨在，散發著光、溫暖和生命。」

我們在之前的著作中討論過，最豐富的現代普拉納滋養相關研究，是千禧年之交由夏醫師和他的團隊以及他們的「白老鼠」馬內克在印度完成的，馬內克是一位瑜伽士，人稱聖者HRM（Shri HRM）。不過，太陽瑜伽涉及的不只是凝視太陽和經由大自然吸收普拉納流。太陽瑜伽合併所有其他的瑜伽修煉法，從而聚焦在連結「至高無上的智能」（Supreme Intelligence，祂既餵養我們的自然界太陽又透過它流動），以及體認到供養我們的太陽，並將其能量導入較低次元的「神力」。

雖然太陽瑜伽是太陽的瑜伽，但克里亞瑜伽卻是許多從前的普拉納滋養者最常採用的瑜伽修煉法，因為克里亞瑜伽是「光」與光之色彩範圍的瑜伽。它包括針對光思考、觀想光、經由瑜伽修煉法經驗內在的光流、透過自己的氣場運作光能量、學習以滋養的方式導引這道光流，就像道家大師的「小周天軌道」修煉法。

一種特定的克里亞瑜伽修煉法支持吉里・芭拉六十多年，使她足以擺脫食物或流質的需求，同樣也是克里亞瑜伽，將不死賜給喜馬拉雅山的聖人巴巴吉（Babaji）。克里亞瑜伽也餵養我們的脈輪及其相關經絡。

談論克里亞調息（Kriya Pranayama）的超自然生理學網站❸，指出：「克里亞瑜伽又稱『自我實現的科學方法』，說它科學，是因為誰都可以實踐，而且如果正確地完成，每一個人都會達到完全相同的結果：與神一體且自我實現。」

「對神奉獻，對神的愛，開啟通向神性能量的大門，喜樂透過你的靈魂進入你的靈性體——甚至是進入你的肉體清洗，提供你健康與氣力。但那只是克里亞瑜伽的副效應，絕對不是它的目的。」

譯注❷：一九〇〇至一九八六年，原籍保加利亞的法國啟蒙學大師。
注❸：參見網站 http://www.kriyayoga.com 提供相關細節。

問：可以多解釋一下其他類型的瑜伽修煉法嗎？還有事先修煉過這些瑜伽與普拉納課程有何關聯？

答：瑜伽是形而上的藝術，源自印度和西藏、中國、日本、埃及，還有波斯，以及所有擁有自己瑜伽形式的宗教。舉例來說，在基督教信仰中，對神表達崇敬、祈禱、默觀、奉獻的修煉法，在印度被稱作「巴克提瑜伽」（Bhakti-Yoga）。假使沒有熱愛自己的內在神性自我，沒有渴望感覺到祂的愛，我們就無法開始連結到神性養分的普拉納頻率管道，因為獻身於神聖之愛的經驗會吸引到眾神的食物。

包括人類在內等一切存在人世間的有機體，都因我們的自然界太陽放射的能量而得到餵養。在清晨或黃昏太陽的溫暖中修煉哈達瑜伽（Hatha Yoga）及其各種體位法，可以另一層次的食物和力量打開並餵養我們所有的經絡和脈輪系統。應用梵咒瑜伽（Mantra-Yoga）的正向心理投射和思想念相，以及採用克里亞瑜伽將外在光流導入我們的內在系統，都讓我們的太陽瑜伽（Surya-Yoga）的太陽時間變得更有裨益。

使用梵咒瑜伽可以提醒我們，太陽也是一切生命的滋養「本源」，於是我們可以改變自己的思維模式，認清它擁有直接餵養我們的力量，無須經由植物界和動物界等人類的中介食物鏈。

問：你也時常建議修煉阿斯坦加瑜伽還有大笑瑜伽（Laughter-Yoga），為什麼？

答：阿斯坦加瑜伽利用自己的體重去建構力度、彈性、肌肉量，因此，它是有價值的工具，讓我們得以吸引、保有並放射更多的宇宙粒子。再加上修煉克里亞瑜伽、太陽瑜伽和巴克提瑜伽，我們就可以非常強而有力地將自己調頻至更加享用普拉納的頻率管道。大笑瑜伽對我們的所有器官都有裨益，它使我們保持健康，在完美的空間中享受生命。我們愈是歡笑和愛人，就可以吸引到愈多的歡笑與愛。

問：撇開瑜伽不談，你是否推薦其他形式的鍛練？也就是說，你個人有沒有什麼修煉方法可以將普拉納的流量增至最大？

答：絕對有，雖然我即將推薦的方法不可能人人適用，不過對居住在山上和海濱等開放空間的人們來說，這個方法實在妙不可言。

赤腳倒著走。此法的部分好處如下：

- 重新校正臀部、脊柱、肌肉與骨骼結構。
- 當你倒著走，看不見自己要走去哪裡，你的表意識心靈被移除了，只有直覺引導你。這可以刺激右腦活動，重新平衡內在的能量流。
- 這是一種吸收普拉納的絕佳鍛練，透過雙腳的底部，也透過氣場，特別是打赤腳進行時，以及在高度充滿普拉納的環境中，例如，漫長的海灘上，或是山中、鄉間。

● 堅實臀大肌、臀中肌和臀小肌，還有前腿股四頭肌和後腿肌腱（股二頭肌（長頭）、半腿肌、半膜肌、股薄肌、內收大肌、縫匠肌、股二頭肌（短頭）、髂脛束）。
● 刺激腳趾內與腦部關聯的穴位，藉此改變腦波模式。

問：若要接收到普拉納課程的最大好處，最簡單且最有效的準備工作是什麼？

答：要聚焦在你的能級校準值，這是可以量測的，而且依據本書下一部分概述的資料形成良好的安全模式。我們經由生活型態重新校準自己的能級，因此我建議，採納並實踐「甜美生活型態計畫」八大要點[4]。此一生活型態將在肉體、情緒、心智與靈性上為你調頻，讓你更能夠自然而然地吸引到普拉納。另外再加上一顆誠摯的心，滿懷著對生命的愛與讚賞，於是我們調頻妥當，可以接收到普拉納課程的好處。

問：在《眾神的食物》中，你推薦一套五步驟的準備計畫，可以在此簡述一下嗎？

答：總而言之，對神性養分或普拉納課程真正有興趣的人來說，推薦下述做法：
● 實踐甜美生活型態計畫八大要點。
● 接下來，完成在所有層次上健美所需要的事項。甜美生活型態計畫有能力帶你進入肉體、情緒體、心智體與靈性體健美的狀態，並在所有這些層次上提供完美的滋養。

- 告訴你的內在神性自我，和諧地將你的肉體、情緒體、心智體與靈性體帶入普拉納課程的實相，伴隨喜悅與自在及恩典，使你保持完美的健康。在享受所有普拉納課程的好處時，你與自己這個面向的關係至關重要。
- 盡你所能閱讀談論這個主題的一切資訊，讓自己充分了解情況，能夠做出聰明的決定，然後測試看看你的生命藍圖是什麼。
- 身為得到普拉納課程滋養的人，你的責任是保有慧見，明白這份自由的禮物——會將人世間轉化成一顆充滿深度滿足的和平星球。保有這份慧見，將會打開通向這個實相的能量通道，使你得以穿越並錨定在這些場域中。

最重要的是，一旦完成我們建議的上述五點，你的身心放鬆，樂在其中、成為絕佳的實例，用最少的氣力達成最大的效果，而且帶著微笑完成一切。這是必然的，一旦尋求完全只靠神性養分滋養，我們全都要：

- 以無瑕的態度盡力而為，
- 表現得像主人一樣，

注❹：引用自http://www.selfempowermentacademy.com.au/htm/library.asp#llp

● 保有這個態度：你是存在形體中的神，你的肉體、情緒體、心智體與靈性體均在此服務你。

問：雖然你沒說過你從不進食，但這是真的嗎？你平均每天只靠不到三百卡路里健康地活著嗎？

答：是的。我還想要補充的是，許多人將普拉納課程看作是非黑即白的實相，要麼吃（攝取實體食物的營養），要麼不吃（只靠普拉納維生）。這並不是我要推廣的實相，事情並不是那麼簡單，因為有許多因素影響著我們被告知如何滋養自己的方式。

想像一下，如果人人都可以連接到普拉納的流動，取得普拉納的滋養，且此後只為愉悅、不為需求而進食，這對資源有什麼影響？如果我們大家都可以每天仰賴三百卡路里健康地存活，這會對資源造成什麼樣的影響？如果我們採納了彼得．凱爾德（Peter Kelder）的著作《西藏回春瑜伽》（*The Fountain of Youth*）記載的喇嘛飲食與生活型態，那會是什麼情景？

問：可以詳述喇嘛的生活型態嗎？

答：有一群喇嘛住在喜馬拉雅山上的一座僧院裡，這些人從不顯老，看上去永遠年輕、強壯、健美、健康，他們每天靜心、唸誦、從事體力勞動、修煉五項藏傳儀式、一天只吃一餐一種食物。一天靠馬鈴薯維生，隔天靠胡蘿蔔維生，他們吃下最少量的食物，然而由於生活型態的關係，他們將能級校準至完美的共振，以此吸引到足量的宇宙粒子前來維持營養健康。就連西方研究也顯示，減少我們的卡路里攝取量可以延長壽命，不過在形而上的實相中，有人說，我們確切的出生與死亡時間早就確定了。

問：你認為某些人是基於某個理由被吸引到這個實相的嗎？

答：過去幾年來，我與幾千人密切互動，然後逐漸相信，受到普拉納課程吸引的人（尤其是課程中擺脫局限的面向），在他們化身人形之前，就預先設定要成為這波演進的一部分。因此，他們覺得，親身經驗然後加以表現對他們來說是自然而然的。

問：你時常談論，實現我們化身人形之前為此生設定的生命藍圖，這是什麼意思？

答：簡單地說，在化身人形之前，靈魂檢視自己即將到來的人生，同意不但在個人層次上、也在行星層次上履行某些事情。這叫做生命藍圖或是一套鬆散的計畫，這些是我們設定的目標。至於如何達成這些目標以及達成這些目標涉及的細節，則是一場自由意志的遊戲，而遊戲的設計不僅是要測試自己，更是要擴展自己。

問：如果是預先設定要這麼做，那麼他們是怎麼發現的？難道每一個人的生命藍圖都記載在阿卡莎紀錄裡嗎？

答：是記載在自己的光體裡。阿卡莎紀錄記載的是因生活型態選擇造就的乙太印記。我們選擇的每一個思想與行動都如橡皮圖章一般，以乙太的方式「印蓋」在量子場中，加上造成影響的那些事被儲存在宇宙心靈內，這個矩陣就叫做「阿卡莎紀錄」。關於我們預先設定的資料均可在深度靜心期間從細胞記憶中取得，而我們也在《眾神的食物》一書中討論過，如何為了普拉納課程而取用我們的預先設定。

問：不論什麼人都可以取用阿卡莎紀錄嗎？

答：是的。凡是可以想到的事，我們都可以做到。有人說，那些預言談的是物質界與靈界搭橋銜接時所產生的碰撞。在我們的工作中，那比較像是非常甜蜜的變形——至少那是我們冀望達成的目標。關於這點，我們每一個人都有角色要扮演，而阿卡莎紀錄儲存著我們需要完成這事的一切資料。沒有什麼是新鮮的——智慧就是智慧，重要的並不是阿卡莎紀錄揭露的啟示，而是我們選擇如何面對啟示以及選擇如何應用它。時候到了，該要實際起來，學習如何擷取並應用我們內在的智慧。我們所能做到最有力量的事情是，直接向我們的內在神性自我請求答案，以及請求宇宙揭示種種擁有更高可能性的境界，使我們完全擺脫疑慮。心懷疑慮，我們是不可能進步的。

問：疑慮難道不需要在物質實相中被證明是錯誤的嗎？

答：的確需要，而且要證明這一切是非常容易的，只要誠心請求宇宙場提供使我們擺脫所有疑慮的強大經驗，特別是關於我們的神性本質以及恩典的力量。由於普拉納場域的本質是愛的智能場，一旦有人追求，它就會揭露出來，因此，當我們企圖以比較有意識的方式重新經驗它，尤其是試圖以對人間有所裨益的方式表達真實本性時，所有的動力就會聚集起來，幫助我們憶起自己的真實本性。有許多方法可以讓我們經驗到原本該是的狀態，從而擺脫疑慮，而真誠請求就是第一步。

問：關於將普拉納課程錨定在人世間，可以多分享一些你自己的生命藍圖嗎？

答：我在普拉納課程中扮演的角色一直是：

- 發現普拉納課程的禮物，同時親自活出這一切，藉此向我自己證明，我們的所有著作中提到的普拉納的無限可能性是毫無疑問的。這是一趟旅程，而我從小就憑直覺開始為此事做準備。

- 盡我所能研究這個主題，撰寫關於它的一切，盡可能以實用而簡單的方式向世人提出我的研究。這包括研究古老神祕學派的資料，親身經歷形形色色具煉金作用的啟蒙點化。
- 成為普拉納課程的橋樑，銜接東方的領會與普拉納的經驗，然後盡可能將增加普拉納流動的好處廣泛地引介到西方，以此支援回歸伊甸園議題。
- 找出並支持這方面的其他擁護者，透過我們的網絡引介這些人的方法。
- 成為普拉納課程的媒體發言人，同時藉由全人教育原則，運用媒體將普拉納課程的實相錨定在能量生成場。
- 建立內部網路與網際網路兩方面的溝通系統，藉由不斷的巡迴演說與網站，分享我們全體的研究。
- 透過我的官網引介普拉納課程與課程的好處，同時擬出一套有效的計畫，以此結合並共享我們的研究與現有的救援和資源重新分配計畫（如果可能的話，假使無法做到，還是要實踐我們的研究成果）。

最近十年來，我們已經達成了第一至第六點，目前正在完成第七點。花一或兩年的時間，像馬內克一樣親身參與廣泛的醫學與科學測試，那並不是我的生命藍圖。我的生命藍圖還是擔任宇宙的播報員，分享馬內克的測試結果，那基本上證明了同一件事——人可以取用足量的普拉納，以此作為替代性的滋養形式，從而擺脫攝取實體食物的需求。

問：可否就此章做個總結？

答：對我來說，最好的準備過程是去實驗並經驗，然後選擇使你感覺最好且運作最佳的方式。

舉例來說，我在十二、三歲的時候發現，如果我規律運動，吃些以生食為主的清淡膳食，身體的能量水平便會大幅提升。後來，我開始靜心冥想、操練瑜伽，我的生物系統運作得更好，而且好處是顯而易見的。肉體、情緒體、心智體與靈性體的提升，可以帶來難以置信的回饋，而回饋的到來是基於個人實驗所耗費的時間、奉獻與關注，並藉由學習去聆聽自己內在的聲音以及肉體的需求。

第四章

如何循序漸進成為食氣者？

應用能級校準

問：能級校準與個人的頻率或共振有何不同？

答：在普拉納課程中使用「能級校準」這個詞的時候，我們是結合大衛．霍金斯完成的工作，以及他在著作《心靈能量：藏在身體裡的大智慧》之中開發和討論的系統。使用生活型態工具時，我們可以重新校準自己的系統，讓它發射不同的頻率，從而改變宇宙場對我們的反應。所以，能級校準是在這個背景下進行的變化量測，是一種既可量測又可改變共振的方法。

問：在二〇〇四與二〇〇五年間，你經常談到個人能級校準，以及純粹靠普拉納滋養的安全性，或是真正食氣者的生活型態，可以針對這方面詳細解說嗎？

答：我們從提供二十一天進程的《以光維生》一書得到的經驗是，藉由二十一天進程轉換到普拉納課程的人，有百分之七十忽略了書中的指導方針。這在轉換過程中製造出安全問題，因此我在《眾神的食物》中提出一個比較安全的模型。這之後不久，我們發現了大衛·霍金斯的「肌肉動力學」研究，發覺可以將他的測試方法用來查證，人們是否準備好接受只靠普拉納滋養，這讓轉換過程變得又更加安全些。

問：難道純粹仰賴普拉納維生不安全嗎？

答：安全——只要我們準備妥當。但對許多人來說，那需要他們像注重身心靈的靈性運動員一樣，實踐之前提過的甜美生活型態計畫八大要點。

問：什麼是「肌肉動力學」？

答：「行為肌肉動力學」（Behavioral Kinesiology）由喬治·顧哈（George Goodheart）醫師所創立，因約翰·戴蒙（John Diamond）醫師而廣泛應用，這門早已確立的科學運用肌肉測試身體，其中，正向刺激激起強力的肌肉回應，而負向刺激激起微弱的回應。這是一種對身體說話且得到清楚回應的方式，可以知道身體的需求與它目前的能耐。

問：這該如何應用到能級校準？

答：霍金斯運用戴蒙的系統，在二十年的研究期間開發了「人類意識的能級分布圖，其中，從一到一〇〇〇的整數記錄．決定人類有可能達到的所有覺性層次及其力度。」在這個模型中，二〇〇代表正向刺激的情緒，在此，肌肉回應仍舊強力，而低於二〇〇則是肌肉回應因憤怒、恐懼、罪疚或羞愧等情緒而減弱，開始影響身體並削弱身體。

在這個模型中，二〇〇是真實與誠信的能量校準值，三一〇是代表希望與樂觀的能級校準值，四〇〇是理性與智慧的能量，五〇〇是愛的能量，五四〇是喜悅，六〇〇是完美的平和與喜樂，七〇〇到一〇〇〇代表更高的意識層次。

霍金斯將肌肉動力學的潛力視為「兩個宇宙（身體，以及心與靈）之間的『蟲洞』，一個介於次元之間的介面……一項工具，可以重拾與高層實相失去的連結，並舉例證明它，好讓所有人看見。」

問：你如何將這個研究應用到普拉納課程？

答：他的能級校準系統提出了一套方法，足以檢驗我們的普拉納課程的自由模型，這些可能性令我興奮雀躍，於是開始在二〇〇四年十月和十一月的巡迴演說期間加以應用。我很快體認到，我們可以將這套系統當作基礎，進入連霍金斯都或許尚未探索到的層次，這趟巡迴期間，我藉由數百位來自四個不同國家（法國、義大利、德國、瑞士）的特殊測試對象，測試並確認了我的發現。

為了完全理解這個模型，建議讀者閱讀霍金斯的《心靈能量》，因為能級校準測試系統可以用來測試許多東西，包括總統與世界領導人以及有影響力的決策者的意識。也可以用它來測試種種第三世界計畫的效力，我將在本書談論第三世界的部分更全面地探討這些事情。

問：你進一步修正了這套測試系統，為什麼？

答：我們的研究發現了肌肉動力學模型有些問題，例如，需要有他人幫忙測試，還有，就如霍金斯本人所言，測試者的能級與問題的能級都可能影響答案。因此，我開始探究其他可靠的自我測試方法，最後提出了「無限的愛與智能的宇宙場」（U.F.L.）。我將會簡短地分享這兩項額外的測試工具。

問：關於「無限的愛與智能的宇宙場」，可以多談一些嗎？

答：我會在本章稍後分享我對「無限的愛與智能的宇宙場」的理解，先談霍金斯分享的理念：「個別的人類心智，就像連結到巨型資料庫的電腦終端機。巨型資料庫是人類的意識本身，其中，個人的認知只是個別的表達，但它的根基深植在所有人類的共同意識上。這個資料庫是天賦才華的國度；因為成為人類，就是要參與這個資料庫，誕生到人世間的每一個人，都有權取用。這個資料庫內的無限資訊如今已被陳列出來，不論是誰，都可以在任何時間、任何地方，幾秒鐘內隨時取得。這的確是一項驚人的發現，有力量將人生（包括個人與集體）改變到難以預料的程度。」

「這個資料庫超越時間、空間以及個人意識的一切限制。這使它出類拔萃，成為進行未來研究的獨特工具，而且打開有可能調查研究但至今還夢想不到的領域。」他談論的當然是位於我們內在和周圍，且握有所有問題答案的宇宙智能場。

問：運用霍金斯的模型，你在受測小組中最先發現的是什麼？

答：我們測試過幾千人，以上述某些國家為例，首先發現的是：

● 百分之八十答「是」，創造沒有疾病的人生是受測者生命藍圖的一部分。

● 百分之七十答「是」，學習如何免於從食物攝取營養，並透過內在神性滋養流的餵養取得養分，這是他們生命藍圖的一部分。
● 百分之十八答「是」，在無須外來流質的情況下，允許內在普拉納的神性滋養來源，完美地水合（hydrate）他們的身體，藉此於今生建立免於流質需求的實相。
● 百分之四十答「是」，示範肉體成仙是他們事先同意的服務藍圖的一部分。
● 百分之十五答「是」，事先同意要學習並示範去物質化（dematerialization）以及重新物質化（rematerialization）的藝術。
● 百分之七十答「是」，事先同意要開發停止老化過程的能力。

從這些數據，讀者可以看見，受到普拉納課程的自由議題吸引的這類人士，都是非常特別的族群，擁有非常特殊的共振。因此，在進入釋放這些類型的限制之前，擁有能夠確定能級校準水平的模型會大有助益。我先提到這份資料，因為先測試這類資訊，再尋求經驗普拉納課程的某些額外好處，那會是相當美妙的。

先檢查你的生命藍圖中是否包含這個議題，接著再檢查生物系統是否準備就緒且能夠承受此事，於是我們擁有一套安全的系統可以知會我們。對於已從實體食物接收到足量滋養的人們，企圖在沒有適當能級校準的支援下進行此事，只是在給自己的身體找麻煩。而對於正因缺乏營養而經驗到肉身系統壓力的第三世界人民，這又是另外一回事，我們將在本書最後一章好好討論這點。

問：安全轉換到純淨的普拉納課程是什麼樣的層次？

答：運用霍金斯的能級校準測試系統與肌肉動力學，我們的小組發現並確認了下述這些能級。我們先以兩名受測對象測試下述問題，採用肌肉動力學與霍金斯的系統，然後採用另外兩項測試工具確認，就這樣形成一套三盲測試（加上形上學的方法），這些答案在二〇〇四年底得到大約五百位額外受測對象的確認，以下是我們注意到的：❹

- 為了建立免於疾病的生活方式，沒有肉體、情緒體、心智體、靈性體的疾病，人類的生物系統需要的個人能級校準值是六三五。
- 創造免於老化的系統，使老化過程在此實質地停下來，人類的生物系統需要至少六三七的能級校準值。這很有意思，因為這個數據非常接近免於疾病的生活方式所要求的能級。
- 為了安全地純粹仰賴只靠普拉納的滋養流生存，不再需要攝取實體食物，人類的生物系統需要將能級校準至六六八。
- 為了安全地過著無流質的生活，只靠宇宙粒子加以水合，人類的生物系統需要將能級校準至七七七。

注❹：如需更多相關訊息，請參見網址http://www.selfempowermentacademy.com.au/htm/files/downloads/Post-Script-SafetyCalibrationModel.pdf

●人類的生物系統需要達到九〇九的能級校準值，才能肉體不朽。

問：未來這些能級校準數據會改變嗎？可能改變嗎？

答：絕對會變。隨著形態生成場的改變，基於更多的全人教育計畫，支援這個範型的能量水平將會增強，使未來的場域變得更加滋養，路徑變得更容易採納。過去十年來，我們已經親眼見證了這點，人們不再對這個潛在的實相感到震驚，且由於我們在媒體界的努力，大眾更加了解情況。隨著人類集體場域的改變，百猴系統（the hundredth monkey system）會開始起作用，改變這些能級校準水平。根據霍金斯的說法，雖然百分之七十八的人口的能級校準值均不足二〇〇，但集體意識的能級卻標定在二〇七，這是由於夾帶過程促使百分之二十二較高能級校準值的人們主導這個場域，才足以將整體能級轉移到真實與誠信的水平。

問：你說過，普拉納課程的真正角色與一個人進不進食無關，重點在於這人影響場域的潛力，關於能級校準的討論，是不是就是這個意思？

答：是的，普拉納課程的主要禮物是轉變一個人的能級，好讓這人能夠吸引、保有並放射更多的愛與智慧——我相信這是人人渴求的食物——何況吸引到這些不僅只是餵養自己的系統，更要將這份愛與智慧向外放射到更大的場域，以餵養大眾。

一九九五年霍金斯的著作首度出版時，全球只有百分之四能級校準值超過五〇〇的人口分享他的研究，而在二〇〇四年則有百分之六；在一九九五年，一千萬人之中，只有一人能級校準值超過六〇〇。**儘管如此，一個能級校準在三〇〇的人，放射的神性自我力量足以在能量上餵養並影響九萬人；而能級校準在七〇〇的人，可以抵消七億人的能量並在能量上餵養七億人。**這些數據證實，如果每一個人都努力提升自己的個人能級，散發最大的內在神性自我力量，這本身就是一種有價值的服務，因為這不僅將我們自然而然地送進自由議題，也讓我們今生在此得以正向地影響這個世界。

問：你用這個模型測試大眾，還有沒有與這相關的其他例子？

答：有的，我們測試的另一件事情是，詢問每一個人的身體意識，一旦進入先是無食物然後無流質的生活，身體會穩定在多少公斤的體重。我感覺到，詢問身體意識這個問題，是證實我們是否準備就緒的另一個絕佳方法。舉例來說，幾年前，我問到，如果過著無流質的生活，我的體重會穩定在幾公斤，當時，被告知的是四十五公斤。我在智性上和情緒上都拒絕這個答案，因為我覺得，看起來那樣骨瘦如柴對我並不好，或許當時我所追求的健康就會維持不住，因此，我延後自己的決定，暫緩進入無流質的生活。二〇〇四年，我又測試了一次同樣的問題，被告知，我的身體可接受五十一公斤維持無流質的生活，因為過去幾年來，我的能級改變了。這個數據對我來說，接受度高許多，因此，進入這個自由層級就變得更具吸引力。

如果你覺得從身體得到的體重確認值是無法接受的，那麼建議進入這個額外的自由層級之前，先行等待並增加個人的校準能級。也可以測試看看，你目前得到普拉納滋養的程度，以及宇宙粒子水合的程度。奇怪的是，許多人發現，體內宇宙粒子水合的百分比居然高過宇宙粒子的滋養程度。

問：關於準備轉換的過程，你還測試了什麼？

答：我們還有小組專門測試住家場域和工作場域的校準能級。讓住家的場域能級校準（可能的話，包括工作場域的能級校準）維持在至少二〇〇是相當重要的，霍金斯之前分享過，這是以真實與誠信操作的起點能級。住家場域能級校準值愈高，顯然環境對你的支持愈大，讓你得以進入並維持住普拉納課程的自由議題所需的程度，然後你的轉換過程將會更加舒服自在。

問：普拉納課程的自由議題到底是什麼？

答：簡言之，那是會出現的好處，當一個人大幅增加流經自己生物系統的普拉納，就會出現擺脫人類局限的自由。第二章中討論過這些好處。

問：除了日常生活型態與掌握心智的力量，增加校準能級的最簡單方法是什麼？

答：我們都知道，若要增加校準能級，最快速的方法是單純地在生命中獻出許多的愛，由於愛是人類所擁有最強大的進食機制之一，因此，享受自己的校準能級，讓它符合內在神性自我，就是我們該要擁有並強力耕耘的一大焦點，因為神性本質是純淨而無限的愛。

問：若要讓身體安全地轉換到普拉納課程免於食物／流質的面向，你覺得唯一最重要的必要條件是什麼？

答：憑直覺得到內在神性自我清楚而值得信賴的指引，以及完美的校準能級。

問：為什麼？

答：因為透過這個轉換過程，個人會改變，同時經驗到沒有人有答案的效應。每一個人都是由許許多多可以影響我們是否轉換成功的效應合成的，例如，遺傳的、文化的、前世，加上龐大的情緒印記與實際的實體共振。沒有人可以指引你穿越這個，除了在所有層次上都知道你的那一位——你的內在神性自我。一旦你建立起清楚的溝通，對自己證明了你可以信任，這時，你還需要擁有完美的能級校準，才能吸引到夠強勁且夠一致的宇宙粒子流，前來維持健康與快樂。

可靠的識別工具

問：在你的著作《和諧的療癒與不死之道》（*Harmonious Healing and The Immortals Way*）當中，你提出種種的「DDT's」，並在整個二〇〇五年巡迴教導這些工具，為什麼？

答：DDT's是「可靠的識別工具」（Dependable Discernment Tools）的縮寫，這些工具讓我們得以針對生命中的許多問題，釐清來自身體也來自內在神性自我的資訊，我認識的每一個人都喜愛取得或正企圖取得明確的內在指引。

問：可以解釋一下這些工具是什麼？以及它們為什麼那麼重要？

答：我們藉用一套三階的DDT's系統運作。簡述如下：

系統一：來自內在神性自我的指引，那是我們的內在聲音。通常，這應該永遠是我們測試的第一個方法，因為祂是完全不腐壞且唯一可靠的確認來源。這一階的溝通經由第六感的直覺與第七感的知曉出現，而且以我之見，有必要成為指引人生一切行為的第一晴雨表。

系統二：第二階測試是利用一套好比肌肉動力學藝術的系統，藉由測試身體肌肉回應而取得資訊確認。在這個領域受過訓練的許多人都知道，肌肉動力學有它的限制。因此，我們往往也使用下述的搖擺工具和腹部呼吸工具。

系統三：第三階測試是一套奇妙的支援系統，讓我們可以請求從我們周圍的宇宙智能場接收到清楚的確認。當我們擁有強烈的欲望，想要追求以正向方式支援我們的進化之路的知識，這時，宇宙智能場就會回應我們的心靈感應思維模式。這是煉金師的圖書館和穿越人生的公路。

問：可以詳述系統二的工具嗎？也就是搖擺工具和腹部呼吸工具？

答：簡述如下：

●**搖擺工具（The Sway Tool）**：深吸吸，然後放鬆。歸於中心，讓自己處在寧靜之境，同時請求內在神性自我透過你的身體、透過這項工具，清楚地表達祂自己。

如果答案是「是」，請求祂將你向前移，如果答案是「否」，則將你向後搖。你需要完全放鬆，讓內在神性自我的氣移動你，而不是用心智凌駕這一切。

所以，當你平靜沉著且以放鬆的方式呼吸時，不妨測試這項工具，詢問自己某件事，譬如說：「我現在是在女性的身體內。」如果答案為真，你會發現有股力道拉著你，或是促使你微微向前搖。如果答案不真，你會發現自己向後擺。

所以，你已經準備好了，可以繼續釐清其他事情，例如本章結尾的那些問題。

●**呼吸測試工具或腹部測試工具**：我偏愛這一階系統測試法，它跟隨吹動我們氣息的內在神性自我在深處平順流動。

測試法：放鬆，再次請求你的內在神性自我透過呼吸的節奏，清晰地表達祂自己。想一句你想要查證的陳述句。一再複誦這句話，同時將你的右手輕輕放在下腹部，左手放在胸口，如此可以更輕易地偵測呼吸節奏的變化。

針對某個課題，當你的想法與你的真相一致時，你的呼吸就愈來愈深沉，自然而然地下沉到「腹部」。當你處在不一致或不誠實的狀態，你的呼吸會自然而然地變淺，或是向上提升到胸口或喉部。複誦陳述句時，要覺察到你的呼吸是深或淺。

問：你常建議，使用肌肉動力學的時候，我們利用全身的肌肉測試系統，請求內在神性自我前來確認資料，而不是請求身體的意識本身，為什麼？

答：因為內在神性自我的聲音與肉身意識的聲音有極大的差異，後者透過非常局限的觀點看待一切事物。在系統二的整個測試方法中，請求內在神性自我透過身體運動表達祂自己，這是不可或缺的。

問：經過十多年的實證研究，你認為，若要將身體轉換成純粹普拉納的生活型態，最簡單的方法是什麼？

答：最簡單的轉換生活型態方式是——

- 透過我們提倡的甜美生活型態計畫，改變並微調我們的校準能級，尤其要聚焦在編程設定與服務奉獻。
- 設定特定的態度與意圖，尤其是關於和諧進化的更大布局。
- 建置內部的場域進食系統，以此磁吸到更多的宇宙粒子作為糧食，並在體內起水合作用。
- 利用「愛的呼吸」工具與無私的服務奉獻，擴展心輪／愛的能量。

落實普拉納課程之後的幾個問題

問：只靠普拉納滋養，會產生任何相關的健康風險或養分不足（鐵、維生素B_{12}）嗎？

答：之前說過，生命的本質是普拉納，而我們內在的普拉納攜帶著我們需要的一切維他命與滋養品，以此維持具有自我再生能力的不朽肉身。一個人之所以會經驗到健康風險或問題，只因為，這人不改變自己的細胞／心智信念系統，以及這人的能級水平太低，無法以磁力吸引到足量的普拉納，提供維持健康的一切所需。

問：你不會將完全仰賴普拉納的滋養方法推薦給哪一種人？

答：我不會將這趟旅程推薦給並非由衷對這個實相感興趣的人，因為這條路需要有意識的精煉提升。若要此一修煉成功，不造成有害的影響，一個人必須藉由研究看重智性、釋放所有受限的信念、準備好提升自己的個人能級，而由於缺乏相關教育教導這方面的好處，許多人並不會這麼做。不幸的是，西方世界仍有些許「給我一顆藥丸，立即修復它」的心態，那往往是帶著冷漠與懷疑前行。

問：身體會經歷任何生理上的變化嗎？

答：如果一個人運用編程設定與意圖修煉掌握心智的力量，這人就可以改變自己的整體生命經驗，因為我們目前從事的許多工作，都與啟動活化然後利用高層意識的五分之四腦部有關。大體而言，許多個人忙著應付在物質實相中存活的「低階心靈」課題，因此無法探索自己的最大人類潛力。一旦我們嫻熟了求生的課題，就可以經由靜心和其他古老修煉法或煉金法，自由地探索高階意識。這類有意識的調頻於是允許我們享受更大的自由，擺脫許多感知到的局限。

問：關於你自己的健康狀況，你個人最後一次測試是什麼時候？

答：二〇〇五年的年中我在俄國接受測試，採用的是先進的氣場讀取器，可以證明我的器官的健康狀況以及包括脈輪在內的所有身體面向，測試者發現，我測得的讀數在所有層次上都是強壯、均衡、健康的。

問：二〇〇四年底，你不是也顯化了一場生命受威脅的疾病嗎？如果增強普拉納的流動可以如你所說，超越疾病的創化，為什麼會發生這樣的事？

答：我們所教導的始終是自己所要學習的，而我需要了解如何「不顯化」疾病，同時發現更多「可靠的識別工具」，以便與他人分享。在我自己的系統中顯化並清除這點，為我帶來許多我所需要的禮物，我們在《和諧的療癒與不死之道》一書當中談論過這趟旅程。對我來說，那是一次輝煌的探險，帶來驚人的洞見，因為我長年教授著一門預防醫學課程，但卻不完全了解如何幫助人們擺脫有可能致命的疾病，或是如何清除強大而限制性的必死信念模式。在自己體內顯化這個疾病，為我帶來這些事情的所有答案。

問：不再選擇攝取實體食物的人們，他們的消化器官怎麼了？會萎縮並死亡嗎？

答：有一種憑直覺閱讀能量場的內在「診斷」，叫做「掃描」（scanning）。當我們帶著調頻過的內在視野進入身體內部檢查，就可以見證到一股能量流，宛如波浪，對身體起磁化作用。發生這情況是要回應——我們對宇宙原力下達得到普拉納餵養的指令或命令，普拉納於是經由肌膚的毛細孔流入。此外，普拉納也經由我們創造和編排的內部進食機制流入原子，藉此從內在層面吸收普拉納，如此純淨的營養流入細胞與器官，使細胞與器官變得更強壯、更健康，勝過經由攝取實體食物而得到餵養。因此，消化器官以一種「假死」的健康狀態運作。

問：你怎麼能確定你的器官沒問題？

答：我們許多人經驗過傳統與非傳統（另類療法）兩方面的測試，成果輝煌。這方面的一大挑戰是，許多西方的醫療從業人員，之前不曾遇到過純粹靠普拉納滋養的個人，因此沒有先前的「衡量標準」可供比較。此外，大體而言，當一個人已將自己的場域調到有辦法只靠普拉納供養，這人通常已不會在能量體內創造出有理由看「治療師」或醫生的失調或不適，往往改而憑直覺掃描自己的系統。

問：大眾該如何掃描？或是在能量上進行自我診斷？

答：若要在能量上進行自我診斷，建議當事人回想在這個精微的能量運作上，受過良好訓練與修煉的前世記憶，然後下令全然有意識地覺察，同時自在面對這個能量診斷的做法。這純粹是靠直覺調頻至握有這份知識的宇宙心靈，並與之連結。這個方法絕不會被誤用，因為我們只可能將鏡映自我意識的振動吸引到自己面前。當然，就此而言，我們需要擁有強健的心靈／身體連結，需要學會去聆聽並信任身體的聲音，還需要開啟我們的內在視界。「掃描」的重點在於，保持靜止不動，有意識地穿越身體，以求「看見」身體的內在狀態，然後信任憑直覺揭示的訊息。

問：轉換之後，如果發現自己突然間少睡許多，有什麼建議？

答：好好享受多出來的時間，從事使你開心的活動，因為身體需要睡眠時，它就會入睡。不要落入將自己歸類為失眠症患者以及服用什麼好幫助睡眠的陷阱，反倒該用愉快的活動填滿你的時間，例如靜心、瑜伽、閱讀、聽音樂，以及其他適合安靜夜晚從事的活動。好好保持你的系統，免於肉體、情緒、心智的毒性，然後你的肉體將會發現它自己的睡眠節奏。最後，就接受吧，普拉納滋養者一般需要較少的睡眠。

問：如果發現自己睡得更多，該怎麼辦？

答：要檢查你的能級校準與普拉納流動的百分比，還要覺察到你白天時間的能量水平——如果這一切都不錯，那麼也許你正在接收額外的夢中時光訓練，對此，你也可以使用我們提出的工具來確認答案。如果答案不支持這個假設，那麼你可能正處在斷食模式，沒有得到足夠強健的宇宙粒子流。不妨再測試一下，看看你的身體有沒有答案。

問：一旦轉換到只靠普拉納滋養，味蕾會怎麼樣？你會渴求味道或是各種味覺感受嗎？

答：對於參與這場偉大創舉的許多人來說，主要的絆腳石還是渴求味道以及多樣化的味覺感受。不持否定的態度很重要，另外，在緩緩釋放對食物的情感依賴的過程中，有些人可能會繼續沉迷在斷斷續續的品嚐歡愉裡。我們發現到，剛開始停止進食時，人們要麼渴望辛辣或極甜的味道，要麼可能一下子渴望辛辣，一下子渴望極甜。當渴求升起時，吃一口想望的味道會滿足許多人，儘管這些人還在利用重設程式的方法超越對食物的覺識。多數人抱持這樣的意念：這是一趟開心的旅程，不是否定的旅程。

問：如果一個人學會純粹仰賴普拉納滋養，而後來又開始食用實體食物，這人會發生什麼事？

答：如果在成功地建立普拉納進食機制之後又開始進食，那麼我們吃進的任何實體食物都會被儲存成脂肪，因為新陳代謝速率太過緩慢，無法處理食物，也因為身體不需要食物。然而，有些人決定偶爾進食，不是基於營養的需求，而是純粹基於社交的理由，那麼為了對抗體重增加（因為他們將得到兩種來源的餵養），這些人就需要多運動，以便燃燒掉額外吸收到的卡路里，否則可能會體重增加。

問：回歸實體食物有沒有其他的問題？

答：多數探索這趟旅程的人可以很輕鬆地恢復進食，先從液體開始（例如湯），接著是水果和蔬菜，然後是正常膳食，如此平順地回復到比較固態的食物。人們恢復進食的主要原因同樣是社會壓力，也因為厭倦了與眾不同以及社會對他們的關注。

請注意，不論一個人是否恢復進食，成功均已達成，原因在於，新的知曉模式已被錨定了，這人從經驗知道，一個人可以仰賴普拉納進食存活幾個月或幾年。這份知曉於是被存放在細胞記憶中，而某個不著痕跡但強而有力的自由層次被達到了，因為透過實踐，我們已對自己證明，普拉納可以滋養我們，所以我們能不定期地只為愉悅而進食。

問：在轉換成仰賴普拉納滋養之後，是否會來到一個不可能再回復到比較固態食物的時間點？

答：在某個層次上是這樣。我們可以一直重新訓練身體去攝取實體食物，可是一旦連接到純淨的普拉納頻率管道，任何被攝取的實體食物將會如之前說過的——被儲存成脂肪。你還會遇到一種情況——你感覺到，仰賴「只靠普拉納滋養的養生法」，操作起來有效多了，因此，為了營養而攝取實體食物，這種感覺既古老又奇怪，於是，人們通常只偶爾基於愉悅而進食。

問：有靠普拉納滋養的胖子嗎？

答：有的，有人靠這個方法維持了不錯的體重。一位女性在完全仰賴普拉納滋養之前重九十公斤，然後她成為純粹的食氣者，不吃食物，不喝流質，體重穩定在七十二公斤。她的身高不到一百六十公分，有些人可能會說她「胖」，但她卻覺得棒極了。我也遇到過採用這個方法而體重並沒有減輕的人。請注意，有些人帶著減重的意圖開始這趟旅程，然而這是一樁為靈性戰士設計的神聖啟蒙儀式，因此這些人一直無法好好維護這個程序，後來又恢復進食。一個人的意圖需要是純淨而誠實的。

問：脫水是一種擔憂嗎？普拉納滋養者喝什麼？同樣只喝水或加味飲料嗎？咖啡因、酒精其他刺激品又是怎麼一回事？

答：有人選擇不吃不喝，但大部分西方的普拉納滋養者仍舊維持「來一杯」的社會化儀式，免得完全與社會疏離。大部分的普拉納滋養者並不沉迷於酒精，他們可能覺得，那會降低身體能量場的振動頻率，或者，他們可以利用掌握心智的力量，將進入體內的一切蛻變成光。我個人仍舊很喜歡來一杯好茶！

問：你如何蛻變譬如說像咖啡這樣的物質，讓它變成對身體有益的頻率？

答：這是靠意志與意圖、同時利用具蛻變功能的紫羅蘭之光完成的，在此情況下，我們用紫羅蘭之光照射物質，透過手部脈輪或是運用我們在《眾神的食物》一書中提出的消化網格傳送紫羅蘭光。

問：不吃食物又不喝流質是怎麼一回事？那有多困難？

答：這個討論很有意思，過去一年來，我一直聚焦在這上頭。我知道，如果一個人擁有恰當的能級水平，也建置了替代性的進食機制，這人就可以在沒有流質的情況下生活，因為宇宙粒子流將會滋養這人，使其與水化合。於是這個討論的重點在於抉擇，今天只有少數人選擇這樣的生活型態，因為在西方世界，這在社會上是極端疏離的。因此，多數人偏愛仍舊喝點東西。如果我們擁有恰當的能級校準，可以吸引到足夠的宇宙粒子，其實一點兒也不困難。

問：內部進食機制真的有必要嗎？它不能再更簡單一點嗎？

答：如果某人融合在愛的場域中，且擁有適當的能級水平，那麼這人唯一需要的是採取行動的渴望。不過，我是個場域科學家，偏愛仰賴模型，好讓每一個人均可用來經驗所有普拉納課程的好處。儘管如此，當場域改變時，模型的確會變得更加簡單。

問：何謂真正的食氣者？

答：真正的食氣者是純粹仰賴宇宙粒子求生的人，他們磁吸到足量的普拉納流動前來餵養自己、維持健康和完美的水合程度。這些人不吃也不喝，因為他們的意識已經超越了需要或渴求食物、流質或味道。

問：你見過多少位真正的食氣者？

答：一位。俄國的齊奈妲・芭瑞諾娃，二〇〇五年的時候，她已經五年不吃不喝。她說她的生物年齡是三十歲，不過她其實將近七十歲，二〇〇五年，我們一起在俄國進行測試，結果證明我們倆都非常健康。我也見過在特定期間不吃不喝的其他人，不過我會見這些人的時候，他們都基於社交的理由而選擇喝些飲料。我確定還有其他食氣者，不過許多人偏愛不公開這項抉擇，保持在幕後努力，何況我只會見我需要聯繫的人。

問：現在難道不是有幾千人只喝不吃、只靠普拉納補充流質嗎？

答：的確是。

問：真正的食氣者如何讓身體充分與水化合，好讓他們不必經驗到腎功能衰竭？

答：我研發了幾種對治這個問題的方法，在《愛的法則》一書中，我詳細分享過這些資訊。我將在本書的最後一部分描述我個人慣用的最簡單方法。由於第三世界國家的許多人民難以取得食物和飲水，所以我們設計了一套簡單的營養與水合計畫，以因應當地的這個現象。同樣的，如果腎臟得到來自宇宙海洋的強力宇宙粒子流的沖刷，如果個人期待腎臟因這股宇宙粒子流而充分與水化合，那麼這人的身體就會創造並鏡映這個實相。

問：齊奈妲・芭瑞諾娃過著你所分享的生活型態，且使用內部進食機制嗎？

答：沒有。她純粹藉由虔誠奉獻的力量以及她對耶穌基督的愛而契入這股能量。她以不同的方法進入這個實相。

問：普拉納滋養者全都靜心嗎？

答：為了將自己調頻到不同的實相場，靜心是最有效的工具之一。靜心也讓我們得以取用內在純淨能量火花的無限本質。透過靜心和掌握心智的力量，許多普拉納滋養者已將自己的表意識覺知嵌入永恆的現在，且為了靜心的喜悅而選擇持續規律靜心。我個人覺得，靜心時體驗到的愛的流動就像難以置信的一餐飯，在所有層次上滿足我，使我保持錨定在我所選擇的場域中。

問：你是否見過，有人毫無準備便安全而成功地轉換成只靠普拉納滋養？

答：見過兩個人，但他們受檢時，能級校準都合乎標準。兩人在之前的時間軸中都接受過廣泛的瑜伽訓練，不過在此生轉換成只靠普拉納滋養之前，兩人都不曾靜心、不曾仰賴精微的膳食或是保持健美和健康。在轉換之後，他們自然而然地渴望做這些事。

問：轉換過程之後，哪一個比較好？表現得像通道，允許神聖之愛和神聖智慧養分流經我們並向外散發到人世間，同時轉化我們的生物系統和這個世界？還是逐步建立一座這類滋養力的儲存庫？

答：理想上是雙管其下。先應用生活型態作為調頻程式，再利用它作為日常維護程式，能量儲存庫就可以逐步建立起來。我曾經雙管其下，發現兩者結合的力量比只完成其中一項更為強大。遲早，我們可能會發現，有必要做額外的付出，而那可能會耗盡那口儲存井，因此，我們需要接通永不枯竭的無限「本源」，而且需要保持放射的純淨（甜美生活型態計畫可以達成這個目標）。因為靜心冥想提供的這類食物，我們發現自己自然而然地渴望處在那個寂靜、充滿愛的空間，尤其如果生活在混亂的城市，感覺上彷彿快被較密集的節拍所溺斃，更是會升起如此的渴望。完全生活在貝塔波場域，會製造出情緒、心智、靈性層次的厭食症，導致人類走向失和、戰爭與混亂。

問：開啟我們的能力，將不著痕跡的普拉納轉化成整體的養料，靜心修煉是一大關鍵嗎？

答：絕對是——每天靜心加上長期茹素，然後是生食、排毒完善，加上健康而健美的身體、良好的身心連結、相信你創造自己的實相、了解宇宙的法則，全都有所助益。目前的研究顯示，只是規律地進行細微而連貫的深呼吸，就具有驚人的轉化效果。

問：瞬間物理轉化是怎麼一回事？當人們採用某種指令或複誦，似乎沒有什麼立即的改變，該怎麼辦？

答：有若干內部和外來因素抑制這點。首先，有形態生成場的力量和場域的主導節拍。這就好比聲音屬於女高音聲部的一個小男孩，在一支由一百名男中音組成的合唱團裡唱歌，除非小男孩的聲音宏亮且極其強大，否則他的音域一定會被蓋過。同樣地，食光者需要將頻率調至西塔波場域來汲取營養，同時過著不斷調至這個頻率管道、以此維持健康的生活型態。然而，如果這顆行星上只有百分之一人口的百分之零點零一在做這件事，那麼基於場域平衡的節拍，這個頻率可能很難維持。不過，值得慶幸的是，與貝塔波場域放射相較，西塔波場域放射的威力就像一顆原子彈爆炸，兩者的電壓相較，後者宛如一根蠟燭，所以，人數並不是這裡最重要的因素，因為貝塔波場域可以被純淨與效力所轉化。

下一個因素與個人對內在之神的信任度有關，也關係到「我們是存在於形體中的神，具有需要供我們使用的一切創造力、療癒力、轉化力」這個想法的真實程度。許多人在理智上相信這點，但在細胞層次上卻不然。契入內在神性自我的力量，然後見證祂的流動和祂所帶來的裨益，全都有助於建立這份信任。在這個場域裡，經驗是一切，因為神聖之愛的流動不是理智的事，而且只有當我們在內在感覺到這股流動時，對祂的信任度才足以使我們臣服並探索祂的其他屬性。

第三個因素與業力學習有關，而第四個因素與我們的神聖藍圖和我們同意扮演的角色有關。儘管如此，一切都會依照該有的樣子完美地開展，而我們唯一被要求要做的是，保有此一慧見——認定自己是存在於形體中的神，同時以無瑕的態度盡力而為，彷彿我們真的是大師，如此，宇宙才能支援我們回歸「一體性」的場域，在此，一切可能性都是真實的，嘉惠每一個人的最高實相得到支持，得以成形。我們愈是這麼做，就愈快讓個人和全體的瞬間顯化能力變得顯而易見。

問：可否就本章作個簡要總結？

答：大致上為：

- 為自己在肉體、情緒、心智、靈性上進行排毒。
- 測試自己的校準能級，然後詢問下述問題。
- 要經由日常生活型態提升自己的能級校準值。
- 請求無限的愛與智能的宇宙場，運用喜悅、自在、恩典支援你的轉換。

問：我轉換前需要怎樣的準備工作？

答：利用下列問題測試自己。

利用之前概述過的搖擺工具和腹部呼吸測試工具，以便確定下述答案。

你目前的生物年齡為何？＿＿＿

（這個方法檢視目前的生活型態是否有利於你。）

你目前的營養有多少百分比來自普拉納？百分之＿＿＿。

目前有多少百分比的宇宙粒子，正在使你與水化合？百分之＿＿＿。

如果你現在停止進食，你的身體將會支持你維持幾公斤的體重？＿＿＿公斤。

如果你現在停止喝水，你的身體將會支持你維持幾公斤的體重？＿＿＿公斤。

供進食／水合的普拉納能量要多久時間才會穩定下來？＿＿＿。

體重要多久時間才會穩定下來？＿＿＿。

要多久時間才能完全仰賴普拉納的力量＿＿＿進食？＿＿＿。

要多久時間才能完全仰賴普拉納的力量＿＿＿水合？＿＿＿。

你目前的能級校準值為何？＿＿＿。

你理想中的生物年齡為何？＿＿＿。

你需要什麼作為才能支援顯化普拉納課程的好處？

- 增加靜心時間？ 是／否
- 改變你的心態？ 是／否
- 改變信念系統？ 是／否

- 飲食減量？　是／否
- 少吃；如果是，那就再問　是／否
—每天三餐變兩餐　是／否
—每天兩餐變一餐　是／否

其他憑直覺提出的問題？詢問並測試。
你的身體現在準備進行下述事項嗎？

- 吃素嗎？　是／否
- 純素食且不食乳製品嗎？　是／否
- 只吃生食嗎？　是／否
- 只靠流質與普拉納維生嗎？　是／否
- 現在不飲用外來的流質嗎？　是／否

不論你現在處在哪一個階段，要做好準備，去到精煉提升的下一階。你可以利用上述方法取得問題的答案，這將會讓你實現自己的夢想。此外請確定，進行測試時，你超級放鬆，只有內在神性自我的氣力推動你。還要交互核對你的答案，確保答案的措辭不是模糊不清的。

問：既然個人的能級校準那麼重要，可以提出一套循序漸進的測試方法嗎？

答：可以。

● 首先，保持寧靜，將頻率調至你的內在神性自我。
● 當你經由靜心感覺到連結且歸於中心，這時舒服自在地站著。
● 放鬆膝蓋，左右搖擺，讓你的系統鬆開，鬆到譬如說強風可以輕易吹動的程度。
● 請求內在神性自我，經由移動，透過你表達祂自己。答案若是肯定的，就讓你向前搖，答案若是否定的，就讓你向後擺。
● 然後詢問，根據霍金斯在《心靈能量》一書當中列出的能級校準測試系統，知道個人的能級校準值，現在對你來說是不是很重要？
● 不斷請教，允許自己向前搖或向後擺。如果得到肯定的答案，請繼續，如果得到否定的答案，那就停下來，因為現在不是時候。
● 如果得到肯定的答案，那麼就請教：「我個人的能級校準超過二〇〇嗎？『是』或『否』。」
● 如果回答「是」，再問：「我個人的能級校準超過三〇〇嗎？」
● 如果回答「是」，再測試：「我個人的能級校準超過四〇〇嗎？」
● 發問時，要保持平靜，複誦問題，並等待向前搖或向後擺，所問問題有回應時，才可以進到下一階。

● 繼續測試，直到得到「否定」的回應為止。

● 然後再問，譬如說：「我個人的能級校準超過四五〇嗎？」（如果你在超過五〇〇時得到「否定」的答案），接著決定精確的數值。

問：如果我們的能級校準值落在你所建議的範圍內，這就保證轉換必定成功嗎？

答：不幸的是，未必見得，因為可能一切完美，但你的思維模式卻沒有被錨定在細胞內，成為真正的信任與知曉，於是疑慮可能會干擾普拉納的流動。此外，有時候就是時間不對。例如，某個時候，我已經有辦法維持不喝流質的生活，然而直覺上，我還是覺得不是該這麼做的時候。我詢問我的內在神性自我，祂只說：「要有耐心，要信任。」於是我保持原狀。

第五章

食氣者的社交議題：如何回應親朋好友的關心？

普拉納與社交行為

問：許多人現在過著全人的生活，因為自己的生活型態而取用阿法—西塔—德爾塔波區段，且因此發現自己愈來愈敏感。這樣的敏感度往往使他們覺得好像必須更加深居簡出，因為不喜歡混雜到社群生活中較為密集的貝塔—阿法波場域。也常有活在阿法—西塔波場域的人發生疏離的現象，脫離「正常的」家庭與朋友的相關聯範圍。你可以針對這點表達意見嗎？你的研究有什麼發現？

答：次元生物場研究者以及靈修人士，是指已經學會如何與一切場域互動的人，這些人——在理想的情況下——可以和諧地存在任何場域中而不至於瓦解自己的場域。之前討論過，若要選擇性從人世間吸收自己想要的頻率，我們擁有的兩項最強大的工具是：

我們的意圖、意志、態度，亦即吸收遊戲對抗放射遊戲，以及使用我們在《眾神的食物》第十一章討論的生物屏蔽裝置。我還感覺到，了解如何影響現存場域，以及如何以更加滋養的方式編織支援我們的新場域，這是有所幫助的，而且同樣的，這都在《眾神的食物》一書中詳細討論過了。

此外，明白進入神性養分頻率管道，並不是只發生在幸運之人或蒙福之人或聖哲身上的事，這也是有所助益的。誰都可以契入普拉納滋養。不過，要有能力生存在貝塔—阿法波占優勢的場域，同時還要從西塔波場域取得足夠的滋養來維繫健康，這仍是一項每天都要面對的挑戰。也因此，我們的能量連結與生物屏蔽裝置才會那麼有幫助，因為這兩者讓我們得以操控普拉納的流動。另外，每天修煉克里亞瑜伽和太陽瑜伽以及例如「愛的呼吸」靜心之類的技巧，因為同類相吸，都可以大大幫助我們進入更具支援作用的場域。

另一個要提到的問題是，當我們有意識地轉換頻率、讓自己錨定在更具滋養作用的場域時，真的會與頻率選擇與我們不相合之人漸行漸遠。在家人和朋友之間，這點尤其值得注意。對方可能不了解我們選擇了一種更精微的膳食或更敏感的生活型態。

回應這點時，我想要分享的是，我們都有自己的血統家族，也有自己的地球家族，而分享的理想方式則是帶著無條件的愛。因此，為了確定你給出與獲得的愛都屬於這一類型，不妨請求內在神性自我為你帶來能夠共享互惠互助關係的人。接下來，當你與家人相處時，要聚焦在分享為彼此帶來愉悅的事物上，而不是在彼此的差異。

問：維持只靠普拉納的生活型態，人們最大的問題之一是在社交上重新調整，這是必要的，因為許許多多的社交互動都圍繞著食物打轉。你建議人們如何處理這事？

答：這趟旅程的學習曲線，有一部分是學習如何度過有食物的社交情境，以及創造更多遠離食物的社交情境，例如，看電影、在海灘上／大自然中散步、玩棋／卡牌遊戲。我個人設法安排與親人的社交互動以活動而非食物的分享為主。

問：許多人聽到你選擇戒絕進食，典型的回應是：「你為什麼想要那麼做？吃東西是那麼愉快的經驗。」對此，你如何回應？

答：我同意人們的看法，許多「普拉納食客」的最大問題都是對付缺乏種種味道，讓我們好好面對這個問題吧——進食可以為嘴巴和胃帶來驚人的愉悅，而且透過餐點連繫感情可能很好玩。然而，生命中還有許多獲得愉悅的方法，何況參與這事的人，大部分是基於它所帶來的自由。最好的是，可以真正自由選擇，而且不是「一定要」進食卻仍舊保持強壯與健康。

因此基於進食的純然愉悅，我們偶爾覺得想吃。但是不需要進食，帶來的好處真的相當驚人。「光」膳食其實比實體膳食具有更多的好處，沒有疾病、更多能量、沒有體重問題、額外的金錢、額外的時間，不害怕如果發生像二〇〇四年的南亞大海嘯與二〇〇五年的卡崔娜颶風那樣的災難時，「萬一找不到食物，我該怎麼辦？」普拉納膳食、果食或生食，似乎都可以減緩老化的過程。我們的研究尚在初期階段，但我們知道，假以時日，那些好處將會被證明的確如此。

問：人們常說，實體食物是來自神的禮物，不吃是「不自然的」，是對自己否認一大樂事；你如何處理這種狀況？

答：我說過，有許多方法可以滋養自己，先不談食物或性愛，或是像電視那樣鈍化或過度刺激心智的藥物等慣常選擇。我並不是說這些事情本質上都是「壞」的，只是關於另類滋養形式，我們還沒有受過良好的教育，尤其是真正的情緒滋養。

與朋友以及在社交場合裡分享食物，的確帶來莫大的愉悅，不僅對味覺而言如此，在情感連繫層次上更是這樣。這是有些第三階的食光者仍舊不時進食的理由之一，儘管他們的生物系統已經擺脫了對實體食物的需求。對我個人來說，我可以送給自己的最佳「膳食」是，聆聽神聖的音樂，或是沿海灘走一遭，在此我可以沐浴在太陽與風和水之中，同時吸收這些普拉納。我的另一種「膳食」是在雨天的林間散步，或是趁黃昏或黎明之光在山上靜心冥想。

問：針對做到這點的人們，你有任何的統計資料嗎？

答：我們在一九九八年的研究發現，我們年紀最大的光之大使是奧地利一名九十三歲的女性，而平均年齡則是五十二歲。此外，百分之五十五是女性，許多人曾經長期禪修，靜心時間介於五至二十多年，百分之八十七有過形而上的玄祕經驗。另外，大多數長期茹素、純素食或生食，百分之六十矢志過著為人類無私奉獻的生活。多數人這麼做是為了經驗到更多內在神性自我的愛與力量，何況用祂的愛滿溢我們的系統並進而讓祂餵養我們，實在是一趟有趣的旅程。

問：哪一種人會成為普拉納滋養者？他們如何面對大眾的反應？

答：許多人都經過精心研究，直覺地研讀形上學，然後有意識地經歷了好幾輩子。雖然我們現在憶起且信任這份知曉，但我們也注重實際，知道我們的思維過程可能在集體意識內部觸發不適的感覺，因為我們的生活型態挑戰著現狀的信念。也有討論區認為，已經開始啟動五分之四腦部的人能理解我們的理想與慧見，只有他們懂得欣賞，因此，我們體認到，需要全人教育且加以推廣。藉由將這份資訊帶給大眾，我們希望，基於它的一切好處而不只是身體滋養的面向，在認為這是個值得共創的實相的人們心中，播下希望和愛與喜悅的種子。

問：他們的共同議題是什麼？

答：多數人明白，普拉納課程不只是談論吃或不吃，在經濟開發兼工業化的文化中，它的重點在於自由的掌握我們的力量以及毫無恐懼地選擇。對於經驗到挨餓的人與國家而言，它的重點在於擺脫因缺乏實體滋養品而死亡的實相。我們正在發出邀請函，邀請人類選擇集體創造一個實相模型，以看重所有生命形式的方式顯化正向的個人與行星轉化。這需要花多少時間，取決於多少顆心與多少個頭腦——聽見且認同這則訊息與所有的研究，同時據此採取行動。

問：你認為，示範只靠普拉納滋養，主要的挑戰是什麼？

答：雖然我們一起學習、一起分享、然後一起用實例證明，但我的同行旅伴有許多人發現，主要的壞處是，這個選擇帶來極端的社交孤立，因為絕大部分的西方文化是基於情緒愉悅的理由而進食，許多社交互動的焦點都在飲食上。此外，對於選擇不沉迷於偶爾為了愉悅而淺嚐一口味道的人來說，還有一個缺乏味道的小問題。之前談過，許多普拉納滋養者選擇偶爾品嚐一下，以求滿足味蕾的需求，而有些人則表示，他們已經超越了對食物的覺識。

問：你常告訴人們，即使從不進食，也不要自稱從不進食，為什麼？這絕對是可以提出的有趣聲明，尤其如果這是真實的？

答：這類聲明會對目前的全球意識狀態造成太多的束縛。如果普拉納滋養者需要進入商店為即將來訪的朋友或家人採買食物，有人見到他們，拍了照，還說：「看吧，我跟你說過，他一定是要吃東西的，我看見他在店裡採買食物耶！」這該怎麼辦？

還有，「永不說絕不」會消除內在小孩對這類束縛的反應。我把普拉納進食看作是有酒癮的酒鬼，我只是一步一腳印，尤其是早年讓自己脫離對食物的情緒／社交成癮時。

其三，事物隨著時間的流逝而變遷。一旦這樣的生活過得夠久，對自己證明了這份能力，有些人就會基於社交的理由，架構起少一些束縛的全新社會習性，例如，一週共享一餐，或是一個月聚餐一次。正如我不斷強調的，這不是一條束縛之路，不可以讓自己因他人對我們的看法而受限。這是一條自由之路。

普拉納與教養小孩

開始這方面的問答之前，我想要分享的是，我們目前體會到某些非常有覺性的小孩湧入人世間，例如，靛藍小孩，尤其是水晶小孩。請針對這些做進一步的研究，如此才能了解他們的某些習性，特別是對實體食物興趣缺缺。朵琳．芙秋（Doreen Virtue）寫過一本談論《水晶兒童》（*The Crystal Children*）的可愛小書，這些孩子許多是天生的食氣者。

問：「只靠普拉納滋養的養生法」如何影響要當媽媽的女性？普拉納滋養者可以分泌乳汁嗎？

答：我個人只認識一位生小孩同時修煉普拉納滋養的女性，不過聽說過許多這樣的例子。這些人在分泌乳汁上全都沒問題，而且生出來的小孩完全健康。這要回歸到，了解思維模式的改變是必要的，基於這層了解，我們完全領會到，當滋養來自宇宙的生命原力時，人的肉身就可以保持充滿活力而健康。

問：只靠普拉納滋養的兩個人仍舊可以懷胎和生小孩嗎？

答：絕對可以。

問：人可以一出生就是普拉納滋養者嗎？還是有最低年齡的限制？

答：今日投胎人間的許多小孩，並沒有想吃的欲望，而且偏愛比較液態的飲食。這是一種自然的結果，因為他們的振動較高，而且有意識地覺察到自己的整體狀態。關於最低年齡限制，這要看家庭與社會環境的支持度，因為許多孩子容易受影響，因而遠離自己天生的直覺能力，這些孩子可能在覺知力不足的成人帶領下，相信對方是成人，懂得比較多（在神祕圈的思維中，這個想法備受爭議，因為有智慧的老靈魂經常存在很小的形體裡）。

問：純淨的普拉納飲食會影響成長／發育／體格大小嗎？

答：請記住，一切成長都會完美地發生，「只要」我們得到完善的滋養，而普拉納是我們擁有最純淨的滋養形式。此外，成功實踐此法的許多人都是音調和諧的樂器，要麼正在開發、要麼已經掌握了對其分子結構下達重大指令的要領，而且可以透過程式重設與生活型態的選擇，隨心所欲地操縱體格的大小與形狀。身體是一部生物電腦，心靈是電腦的套裝軟體，人生則是兩者的列印輸出稿。如果不喜歡人生或人生的任何面向，我們可以重寫軟體程式，改變宇宙回應我們的方式。優質的思維帶來優質的人生，無限的思維帶來無限的人生。只要普拉納流夠強大，足以提供一個人的所有需求，那就沒有成長和發育的問題。

問：對於想要轉換到純淨的普拉納膳食但又希望很快有小孩的女性，你會提出什麼樣的建議？

答：我推薦兩個選擇：

一、在有小孩「之前」，先轉換到只靠普拉納滋養的脈流中，同時設法確保你是百分之百深信普拉納正在為你做工，因為任何的疑慮都會抑制普拉納的流動，影響健康的懷孕狀態。

二、先有小孩，然後在之後覺得適當時，再慢慢轉換。還要確認你的校準能級，看看是否落在可以這麼做的恰當範圍內，因為這會增長你的自信。如果能級水平過低，顯然不宜貿然行動。

問：對於不大喜歡進食的孩子，建議父母如何應對這個問題？

答：帶著愛與了解，而且要深諳我們在這本書中討論的內容。教育可以消除無知帶來的恐懼。父母親需要表現出負責任的行為，何況很容易分辨孩子是不是天生的普拉納滋養者，因為不管孩子吃什麼（什麼類型的食物與分量），天生的普拉納滋養者將會展現出健康而容光煥發。飽受營養缺乏之苦的孩子往往嗜睡，可能有注意力集中與頭腦清晰度方面的問題，躁動而且經常生病。你也可以檢測孩子的能級校準值。

問：如果一個孩子主要是想喝東西，該怎麼辦？

答：你可以選擇下述任一種做法：

一、信任孩子在這方面的抉擇，提醒孩子，普拉納一定正在傳遞他們需要的所有維他命。

二、確定孩子需要得到的所有養分，全都落實在孩子享受的流質形式裡。

我也建議，讓這些孩子接受教育，了解普拉納擁有滋養他們的力量，而且同樣也要檢查孩子的能級校準值，看看是否有力度吸引到調配適當的宇宙粒子前來提供營養。

問：可以跟我們多談一些蓮花小孩、靛藍小孩和水晶小孩嗎？

答：二十世紀從頭到尾，誕生了不同典型的人類，而且每一種典型都有某個明確的目的。「蓮花」小孩是嬰兒潮那一波，他們帶著對內在與外在和平的巨大渴望而來，體認到內外的和平只有透過認識自己才能得到，因此他們擁抱自由的愛和東方的神祕主義，加上神祕主義帶來的瑜伽和靜心法以及後來的自助療法。他們的任務是成為探尋奇蹟的人，為人類在全新千禧年中和平、敏銳的共存打下根基，示範如何成為光芒四射的大師，可以和諧而快樂地生存在幻相的世界中。蓮花小孩的到來是為了搭橋銜接兩界之間。

等嬰兒潮這批人年紀大些，也許是疲累了，比較自滿了，這時，「靛藍」小孩前來進一步撼動我們的制度，他們說：「嗨，為整體著想，這裡的事可以經營得更好一些。我的標準比這高，我的需求還沒有被滿足。」他們極有創意、十分敏銳，堅持要求聲音被聽到，要求我們的教育與社會制度更加精進，因為他們的降生就是要帶來改變。靛藍小孩遭人誤解，時常落到被忽略，被視為「太難搞」或太鎮定；然而他們也只是探尋奇蹟的人。

接著出現的是「奇蹟創造者」——「水晶」小孩。水晶小孩是覺醒到內在神性自我本質的孩子，他們轉世投胎是為了帶來許多禮物。他們往往擺脫了業力失衡，來到人間是為了要激勵、療癒，為了要藉由看重並疼愛所有生命和地球的環境，搭橋銜接動物界與人類世界。因為選擇光（往往以普拉納為基礎）膳食，許多水晶小孩具有心靈感應的能力，每一個水晶小孩都具有同理心，其中許多更示現著無條件的愛的力量。他們的角色是在嬰兒潮世代與靛藍小孩撼動制度之後鋪平道路，重設標準，再次聚焦在更多的喜悅上。水晶小孩的到來是要成為鼓舞人心的範例，示範行動中的愛，而且除了我們的愛與讚賞，他們需要我們給的並不多。與蓮花小孩、靛藍小孩以及現在的水晶小孩合作，是在重新定義真正的愉悅是什麼意思，因為他們知道，愉悅來自於創造更和諧融洽的世界。

普拉納與其他家庭成員關係

問：當一個人開始只靠普拉納的滋養脈流維生，與朋友和家人交流的最佳方式是什麼？

答：重要的是，要了解到，我們每一個人都有不同的生命藍圖和預先編碼，要加以落實和尊重。對家人來說，「只要」感覺對，他們也會選擇這條路。我們最多只能做到，成為健康而快樂的範例，示範這類生活型態的選擇，可以讓人們覺察到這個可能性所帶來的自由。過去十年來，普拉納食客們注意到一個非常有趣的社會現象，就是把時間花在我們這個場域的許多人，自動地開始少吃且因此覺得好上許多。當透過我們散發的能量是愛，且我們的個人生物場也已基於經驗而得到此一知曉的印記，知道我們不需要從實體食物取得滋養，這往往可以在身旁之人的場域留下印記。

問：如何辦到？

答：藉由我們的臨在餵養對方，這讓對方更快進入細胞之內的西塔－德爾塔波場域，於是提供某些好處，例如，直覺知曉、超覺知力的敏銳度增強、渴望少吃等等。我們能夠達成的最高階煉金行為，是將自己的生物系統轉化成內在神性自我力量的發射站，這個動作自然而然地為我們帶來普拉納滋養的副產品，而且當人們花時間與你相處，見證到你生命中的恩典，這點就變得顯而易見。

問：關於你走的路，你的女兒、父母、老公覺得如何？

答：棒極了——我很幸運，他們愛我、接受我——不過我確定，有時候，他們把我看成瘋狂的教授。我這一生其實一直追求著在形而上方面的興趣，每一個家人都被我用來實驗人類的潛能，而他們也都了解我的生命藍圖與背後的驅動力。這當然是持續的明確溝通帶來的。此外，當家人看見你因自己的選擇而健康快樂，他們通常會更加支持。我的父母親已經離世了，不過他們在世時，我會不斷地讓他們充分了解我的一切相關研究。良好的溝通和教育是關鍵。

問：他們本身有興趣追求這事嗎？

答：我的小女兒現年二十八歲，從不吃肉，而我的大女兒吃蛋奶素，兩人都熱愛瑜伽、覺知到正向思考的力量，也和宇宙場合作。我的每一個家人都以他們自己的方式在靈性上積極活躍，都覺察到生命中存在著更大的可能性。我丈夫幾十年來一直吃全素、常運動、練舉重，也一直靜心。我的祖父母是靈媒，一輩子深信得到更高力量的指引，所以在我的家庭中，並不是我帶領大家進入未知的領域，不過我可能比多數家人更極端一些。我確信，我的家人將會選擇屬於他們的完美之道，我盡我所能，無條件地愛他們每一個。

問：當你開始只靠普拉納滋養維生時，如何應付父母和家人的關懷？

答：教育。我提供他們簡單的研究，進行必要的醫學測試，以此證明我比以前更健康，而且一開始，我就準備成為閃閃發光的楷模，示範健康與快樂且以有益的方式享受著我的生活型態，所以家人沒有什麼好擔心的。

問：你是否曾經假裝仍舊進食，好讓某位家人在某個社交場合中舒服自在些？

答：是的，有時候這麼做對家人有益。在社交場合中，實在不太適合因為我們選擇不以慣常的方式進食，而每每將關注力吸引到自己身上。有些社交場合可能是專為某位家人安排的，焦點在對方，當事人可不希望焦點跑到不進食的配偶或父母身上，所以，出席這些盛會、拿一小盤食物、在盤中推來推去卻不吃，可能有助於避開太多的好奇心，使焦點保持在屬於它的地方。這是我的小女兒有一次想出來的行動方案，我們出席那個場合時，效果奇佳。

問：如果你是家中的掌廚，而你選擇不再進食，該怎麼辦？這樣不斷地接觸食物不是有點兒強人所難嗎？

答：對某些人可能是。我在孩子很小的時候就教他們烹飪，大家一起分擔這份任務，讓每一個家人輪流準備餐點有助於減輕這個挑戰。有些普拉納滋養者將這個任務委託給丈夫和孩子，晚上則為家人提供健康的外賣食物，大家輪流為家人提供餐點。良好的溝通與重新架構這些責任，有助於減輕這個問題。再次強調，所有這一切有賴家庭中的尊重程度與良好清楚的溝通，加上共同為大家創造雙贏的渴望。在彈性較差的家庭中，這個問題可能比較棘手。

普拉納與飲食失調、性慾與愛戀關係

問：對於厭食症患者或暴飲暴食者，你提供什麼樣的輔導？

答：要聚焦在變得健美而健康——肉體上、情緒上、心智與靈性方面。人生苦短，何苦悲傷，其實有許多的樂趣可以享有。要學著去靜心，以及如何建立正向而有力的人際關係——先是與你自己，然後是與你的家人和朋友。厭食症通常是不愛自己造成的結果，而以普拉納維生則恰好相反，那需要莫大的自愛以及清楚地覺知到自己的真實本性。

問：你承受過飲食失調之苦嗎？

答：沒有，我根本沒有時間發展這樣的苦，我總是太過忙著探索與享受生命中的可能性。我也享受過充滿愛與趣味盎然的童年，況且很早就對親身經驗自我成就有興趣。

問：許多完全仰賴普拉納維生的人也說，他們的性能量改變了，你可以針對這點進一步詳細說明嗎？

答：對許多有伴侶關係的普拉納滋養者來說，常見的修煉法是譚崔，或是道家的性能量流動，那可以刺激腦高潮、心臟高潮以及全身高潮。有意識地修煉此道，藉由小周天軌道技巧（如謝明德在《道家培養男性能量之愛的祕密》〔*Taoist Secrets of Love*〕一書中概述的），結合性慾能量（下盤和臍輪）與靈性能量（頂輪和眉心輪）以及無條件的愛的能量（心輪）。

其他人可以選擇獨身，選擇獨身並不是因為缺乏性慾表達的機會，而是基於刻意有意識地將與性相關的生命力能量，蛻變成更高階（更精微的）創造振動。健康的身體是有性慾的身體，因此性慾能量必須被蛻變成更高階的振動，或是透過生育或譚崔分享加以利用。

問：如果只有一個人採用普拉納課程，另一個人選擇仍舊規律進食，兩人還能夠享有良好的關係嗎？

答：對任何關係來說，若要成功，顯然個人一定要以有所裨益的方式一起共振。許多情侶關係良好，然而興趣截然不同，不過，選擇普拉納課程的人往往對能量非常敏感，因此，只要伴侶的整體共振對你來說具支持作用且和諧融洽，那麼這就不是問題。

問：如果情況不是這樣，該怎麼辦？如果這樣的生活型態抉擇造成與伴侶的衝突，該怎麼辦？你建議如何應對？

答：我時常跟大家分享一件事：要有勇氣超越傳統，架構為所有當事人運作的關係。要做到這點，你需要許多的覺性、溫柔、清明與良好的溝通，加上健全的自我認知，曉得你適合什麼。舉例來說，當我偏愛生活在自己的私人道場中，將我的靜心與獨處時間增至最大，這個選擇意謂著，每個月只見到丈夫六天，這對我們倆都合適。他生活在他的道場中，而我在我的道場裡，一個月的大部分時間，我們都活得像是獨身的瑜伽士。

雖然這可能不適合還在養育孩子的年輕人，但對其他人卻是一個選項。對於因生活型態不同而衝突卻還想生活在一起的人來說，可以利用各種技巧在住家場域中創造和諧。

問：例如什麼技巧？

答：我使用三種強大的工具作為設定的程式與意念編碼，它們是「內在神性自我配對」（DOW Match）編碼、「所有場域立即完美和諧」（Perfect Harmony all fields now!）編碼、以及「完美的解答」（Perfect Resolution）工具。這些都是簡單的工具，但對於懂得編程設定的力量與思維創造實相的人來說，效果完美極了。

問：可以更詳細地解釋這些，讓面臨衝突的其他人能夠加以應用並因此獲益嗎？

答：一、「內在神性自我配對！」我們以心靈感應的方式說出這句話，同時傳送一道心之愛的光束給我們冀望以此方式連結的對象。這使兩人的溝通超越心靈、小我、前世的影響，得以對大家有裨益的方式讓「內在神性自我」與「內在神性自我」溝通。

二、「所有場域立即完美和諧！」再次帶著意念以心靈感應的方式表示，完美和諧地與所有場域共存，這將清楚的命令傳送給無限的愛與智能的宇宙場，讓它以這種具體的方式支持你。

三、「完美的解答立現！創造三贏！」一旦以心靈感應的方式帶著信念與意圖表示要解決某個局面，且讓無限的愛與智能的宇宙場得以送出為你創造一贏、為對方創造一贏、為世界創造一贏的解決方案，這個命令就會使我們敞開，迎向其他層次的宇宙支援、解答、洞見。這招屢試不爽，只要我們完成上述事項，憶起我們是以神的形象打造的，而且身為大師，只要我們的心是純淨的，無限的愛與智能的宇宙場一定會服務我們。

問：關於社交場景，可否做個總結？

答：主要幾點為——

● 全人教育必會創造一個更加支援普拉納課程的場域，所以要有耐性。

● 要對自己與他人誠實，但也要學會慎重小心地對待普拉納課程，採取得體的行動。

● 為這個抉擇以及家庭和朋友，創造三贏的局面，同時保持良好清楚的溝通。

● 要創造更多不依賴食物的社交分享場景。

● 要成為自我成就的無瑕範例，但要與大家一起和諧地完成。

第六章

食氣者的社會參與和宗教信仰

過去、現在與未來的狀況

問：普拉納課程的過去狀況如何？

答：幾千年來，普拉納一直為東方的瑜伽士所使用，在許多層次上滋養他們，包括作為肉身系統的食物。許多文明已成功地使用微食物，或是直接從太陽能滋養取得普拉納，藉此保持健康，包括馬雅人、美國印第安原住民、埃及人等等。這些被局限在原住民與東方文化的祕傳教義之中，過去的西方文化大量缺乏這方面的教育，因此並不明白其中蘊藏的禮物。

問：普拉納課程的現狀如何？

答：由於我們的大量媒體工作，普拉納課程和它的滋養禮物現在已經安住在形態生成場之中，有百分之十以上的西方人在某種程度上覺知到它。

● **普拉納進食計畫**

一、西方世界的「草根蔓延」（GRASS ROOTS SPREAD）。

二、第三世界國家的計畫。

● **普拉納和平網絡**

致力於全球統一與和諧的人們，在靜心期間取用普拉納的力量作為神聖之愛。

● **普拉納健康維護網絡**

太極、氣功、武術與瑜伽網絡。

● **普拉納與療癒網絡**

靈氣網絡、般尼克療癒網絡、氣功網絡。

問：對於普拉納的未來狀況，你怎麼看？

答：如果我們可以用更正向且較不譁眾取寵的方式進入教育和媒體管道，繼續讓個人透過經驗成長，那麼我預見，這個實相與普拉納課程的所有好處，將會牢牢地建立起來，在極短的時間內成為人類自然而然的滋養選項。我想要看見，至少讓談論這個主題的許多著作出現在西方的書店和圖書館中，就像素食主義、靜心冥想與另類療法那樣。

問：有哪些著名的普拉納滋養者？

答：聖哲曼伯爵（Comte St Germain），有人說，莎士比亞的劇本是他寫的，據說從沒有人見過他當眾吃喝，而且他保持不老的肉身形體長達幾個世紀。其他喜馬拉雅山上的瑜伽士可能會食用信眾以愛獻上的食物，但他們其實不需要靠食物維持生命。許多其他的靈性大師時常經歷不吃不喝的四十天閉關。最近則有普拉德・賈尼、希拉・拉坦・馬內克、齊奈妲・芭瑞諾娃以及我自己，都因為在這個領域的實際經驗而受到大眾矚目。目前印度有一名十五歲的男孩——拉姆・巴哈杜爾・班堅（Ram Bahadur Bamjan）——正因他個人在這方面的經驗而備受關注。

問：你的第一本談論普拉納課程的著作叫做《來自普拉納的滋養——新千禧世紀的身體養分》為什麼你認為普拉納是新千禧世紀的養分？

答：不論是哪一個千禧世紀，普拉納一直都是妙不可言的養分，但由於網際網路與全球通訊網絡，我們現在可以更輕易地分享普拉納課程的好處。經過十年的實證研究，我們已經發現了增強普拉納流動的其他好處，一旦這些好處被欣然接受，將為眾生創造出更有效而愉快的進化之路，因為我們發現到，它可以消滅所有層次的飢渴。

問：你之前談過為個人帶來的好處，但增強流經身體的普拉納可以為全球帶來什麼效益？

答：除了提升個人的健康與快樂層次，這對全球經濟與環境造成的衝擊是相當驚人的。舉例來說，每幾分鐘，人類就喪失了大量的亞馬遜河雨林，原本，作物可以在這些地方生長，餵養牲口，然後牲口被宰殺，餵養大眾。採納純淨的普拉納甚或是素食餐飲，可以立即消滅這些衝擊，從而支援更加悲憫而仁慈的人種進化。聖雄甘地曾說，從一個國家對待動物的方式，你可以了解這個國家的許多層面。

其他的全球效益包括：

- 我們對作物產量的需求降低，使用殺蟲劑和農藥的需求也跟著減至最低，改而增加我們對更加自然的普拉納內部進食系統的依賴，藉此降低環境的污染。
- 我們的消費需求隨著普拉納流動的增強而降低，因食品生產、配送、消耗所造成的垃圾處理也跟著減至最少。
- 隨著健康的提升與壽命的延長，我們可以將財政資源重新導入其他的研究領域，從而降低對藥物的依賴。

- 增強普拉納流提升了健康、延長了壽命，進而降低對醫療支援系統的依賴，例如，醫療照護、醫院、花費在疾病支援系統的稅收等等。這些金錢可以被轉到所有國家境內的援助、教育與不幸者安置等方面。
- 增強普拉納的流動可以增加悲憫、愛、仁慈、一體性的感覺，降低我們對精神病照護的依賴，消減西方文化中日漸增加的社交孤立感與寂寞感，從而降低日漸增長的自殺率。
- 減少日漸增長的肥胖問題，以及當前因對治這個問題而增加的花費。由於增加普拉納的流動，我們在所有層次上得到餵養，因此消除了肉體、情緒體、心智體與靈性體的飢渴。多數人基於情緒的理由而進食，而厭食症與肥胖通常是缺乏全人教育的徵兆，也往往源於不愛自己。
- 增加內在普拉納的流動，讓人們進入增進內在平衡與和諧的狀態，於是我們可以用更有效而人道的方式利用全世界的資源。
- 協助重新分配資源，「擁有的人」少用一些，留一些給「沒有的人」——我們更加慈悲地配送資源。增加普拉納的流動自然而然地提升我們的慈悲心，也會擴大我們的意識，使我們瞥見生命的更大布局。
- 改變個人的場域放射，使我們的存在餵養而非耗竭這個世界。

問：全球有多少普拉納滋養者，哪裡可以找到這些人？

答：旅行世界各地期間，我聽到許多普拉納旅程的故事，在二〇〇四年底，我們推測，此時約有兩萬人純粹仰賴普拉納維生，大約六萬四千人有能力但許多並沒有選擇這麼做（U.F.I. 的統計資料）。由於我們通常只透過內在網絡工作，並不企求廣泛地記錄這事，所以不知道姓名與分布在全球哪些地方，也沒有人刻意追蹤散布的範圍。沒有必要這麼做，因為在開始這份工作時，我們就了解到，這是自然而然的人類進化之路，將會以它自己的時間形成並被接納，不過我們可以經由全人教育計畫（包含普拉納課程的研究發現）加速這個過程。

雖然這在西方看來似乎非比尋常，但我們早就知道，對印度和喜馬拉雅山的不死之身、瑜伽士來說，這其實是司空見慣的做法，這些人可以好長一段時間不吃、不睡甚至不喝，而且許多人還可以隨意改變自己的體溫或身形。這在氣功社群中屢見不鮮，對有意識地與更高頻率合作且傳送更高頻率的人來說，也是稀鬆平常，不過我們無法估計這些社群中的人數。

附注：想要加速這個過程，背後的動機並不是冀望看見不吃的世界，而是人道的渴望，希望消滅實在沒有必要的健康與飢餓挑戰。

問：世界各地正在發生的負面狀態與一切衝突又怎麼說？

答：那只是一齣實相電影，我們其實已有長足的進步。目前還有某些需要關注的全球熱點，而我們許多人在服務的過程中都體認到，有必要精煉提升，因為儘管許多的制度的確奏效，但這些制度並不是全為大家著想。宇宙的共振法則說，我們關注的焦點會成為我們的實相；同類相吸，因此，當我們了解到，每一個思想都被傳送出去且吸引到強化它的同類能量，然後像回力球一樣回到我們身上，這時，我們就會仔細覺察自己想要浸淫在什麼樣的思想、言語、行動當中。許多人已經受夠了殺戮、混亂與困惑。我從自身的經驗得知，我們可以將自己的實相場改換到另一個更加和諧而榮耀的頻道。那就是心靈的力量，我見過有人住在人間天堂，也有人住在人間地獄。然而多數實相不過是鏡映我們自己的觀點。「你接收到的就是你自己的看法」，形上學經常這麼說。

我認為，現在經由許多管道出現的訊息是，我們擁有重新調頻這個世界的力量，可以讓大家擁有他們渴望的幸福快樂，但這必須從我們自己開始，因為個人組成群體。

問：你談到世界飢餓的含義。帶著普拉納課程進入飢荒地區的想法，實用性有多大？

答：多年來我一直覺得，我們需要更有效地重新分配這顆行星上的資源，而且送給飢民的不是「精神上的靈性」，而是「食物」。幾十億人民生活在貧乏當中，包括城市居民以及開發中國家生命備受威脅的幾百萬人民。當十億人靠著每天不到一美元維生，另外二十億人仰賴每天大約兩美元維生，這時，針對替代性營養來源所做的研究必須得到人民的支持。在全球反恐戰爭之前，每年八千六百八十億美元耗費在軍備上，然而戰爭卻是飢荒的最大人為起因，走筆至此，據稱，美國每週花費四十多億美元在伊拉克戰爭上。因此，支持普拉納課程的許多人覺得，人類的優先順序需要改變，如此，這些挑戰才能以更人道的方法加以解決，恐怖主義幕後的某些誘發因素才能被消滅掉。

問：在普拉納課程中，你常談到祈禱與編程設定的力量。請舉例說明，這可以如何協助挨餓的孩童？

答：我們將會簡略談到「挨餓的孩童」課題，不過人們時常低估人類的內心與頭腦的力量，還有心智編程的好處以及設定意圖與祈禱的力量。一九九七年，我聽到一則關於德國境內一間孤兒院的故事，當時院內食物少得可憐。一群孩子在挨餓，同時，另一群孩子卻仍舊十分快樂而健康。健康的那群小朋友有一位照顧者，於是人們問她，她做了什麼不一樣的事。她說，他們每天一大早圍成一個圓圈，祈求聖母瑪利亞與耶穌疼愛他們、照顧他們、確保他們不受傷地經歷一切。因為這些小朋友深信這些禱告，所以他們又好又健康。如果有懂得其中奧妙的成人引導，我們的孩子可以生活在極具支援力的範型中，而普拉納課程就是這些範型的一部分。

問：可以描述你在「光之大使館」與「M.A.P.S. 大使館」方面的教育工作嗎？

答：M.A.P.S. 大使館是「覺醒的正向社會運動」（Movement of an Awakened Positive Society），它是一個沒有實體結構的傘狀組織，是一種意識運動，參與者致力於正向的行星與個人進程。世界各地都有人參與這項運動，從健康專業到形上學工作者、唯靈論教會、政治與環保活動家——全都可以算是那個傘狀組織底下的成員。

以普拉納維生是「光之大使館」工作的一部分，我們有一份稱之為「世界健康／世界飢餓專案」（World Health/World Hunger project）的特別議題，代表對愛、健康、快樂的飢渴以及真正的飢餓。我們的重點在於：清空醫院，讓資源遠離製藥，走向預防醫學。極端的做法是，如果你非常守紀律，十分專注於你的生活型態，就可以把自己帶到不再需要從食物攝取營養且絕不生病的健美層次。有趣的是，英國市場研究機構IMS表示，人類在一九九八年將一千七百九十億美元花費在醫藥品上，而世界銀行的最近研究則說明，我們每年只需要三千五百億美元（不到我們目前年度軍事預算的三分之一），就可以消滅全球貧困。

問：你真的相信普拉納課程終將得到社會的認可嗎？

答：絕對會，因為良好的全人教育是一項強大的工具。在進化的層次上，我注意到目前在澳洲和美國境內，仍舊抽菸的人其實是不被社會認可的，這實在很有意思。由於大量的再教育課程與在公共場所禁菸，基於相關的健康危害與被動吸菸的統計資料，抽菸現在被認為是不被社會認可的。未來，我可以看見，同樣的態度也會出現在肉食課題上，只要涉及宰殺動物生命，不論是直接或間接，都將變成不被社會認可的。當人們接受再教育，在所有層面表現出更具善意而慈悲的行為，全球素食將會成為顯而易見的優先選項。一旦這情況發生，那麼對於冀望提升至更精微膳食層次的那些人來說，普拉納課程的光滋養面向也將變得更可以接受，而隨著這些人的健康與生命品質的改變，他們對資源永續的貢獻將會得到讚賞與注意。

普拉納與健康

問：你說，普拉納課程可以消滅所有個人與全球的不適，如何辦到？

答：因為它可以在所有層次上滋養一個人。肉體的疾病通常源自於情緒體、心智體與靈性體欠缺滋養，以及有毒的飲食習慣和缺乏鍛練。人類已經進入需要重新評估何謂真實滋養的進化期，因為人類史上頭一次，居然有大約十二億人因身體缺乏滋養而飽受營養失調之苦，十二億人因肥胖相關問題而受折磨（肇因於身體養分不正確，以及因應快速社會而產生的速食成癮）。對許多人來說，進食與食物帶來的「愉悅」是一種情緒成癮，企圖滿足更深層的飢渴。在我們的進化過程中，這一次，我們憑直覺得到引導，要鼓勵促進並維持肉體、情緒體、心智體和靈性體整體健美的愉悅。

問：完全仰賴普拉納課程的每一個人都不再生病嗎？

答：這必須仰賴三件事：

● 個人的校準能級。
● 當事人在人間的活躍度、允許這個活動使他們擴大自身局限的程度、以及擅長滋養自己的程度。
● 當事人的服務議題。有時候，顯化某種疾病然後治療該疾病，並與世人分享如何治癒該疾病，可能是某人的服務議題。先驅們分布在各個領域。

問：可以進一步解釋這點嗎？

答：大體上，如果一個人將自己的能級校準水平維持在六三〇[1]以上，這人就可以擺脫創造疾病的場域，除非這人過度擴大自己，或者不夠滋養自己。舉例來說，多年來，我每週在家工作一百二十個小時，每年旅行八個月，住在高度污染的環境中。這段期間，由於這份服務工作的性質可以不斷地幫我調頻，我連感冒都極少經驗到，保持著絕佳的健康與能量水平。普拉納課程的好處之一是，我們有能耐從事多項任務，需要的話，還可以大幅延長工作時間。

問：普拉納課程一定會產生巨大的療癒能量，這是如何顯化的？

答：這取決於每一個個人的生命藍圖。如果你在人世間的任務是要幫助人們永不生病，那麼那些能力就會透過這個過程加以放大。擔任治療角色的許多人都發現，他們的敏感度愈來愈高，靈聽力與靈視力增加了，這些都是仰賴純淨的普拉納維生的副產品。療癒這一行有不少人選擇生活在只靠普拉納滋養的脈流中，因為他們從這個過程中得到不一樣的禮物，尤其是在療癒過程中可以取用和傳導的能量效力。

問：你如何將個人得到的能量導向療癒？

答：對我來說，個人的實相就像一齣電影，我們是編劇、明星兼導演，可以在此服務，用自己的生命造就積極的改變，也可以不這麼做。在我的實相電影中，我的角色之一是喚起大眾對療癒自己負起責任，以及活出自己的最大潛能，所以我的能量經由再教育與為預防醫學提供生活型態工具，被導向療癒。我在自己的療癒之旅中發現，這就好比——某幾個特定的步驟需要出現，才能創造某種疾病，我們也可以經由採取身體建議的幾個步驟，讓同樣的疾病不存在，也就是療癒這疾病。我現在有能力將從一個人的身體取得這份獨特資訊的那些工具，當作自我療癒來分享，那是強而有力的，而且可以使我們擺脫對醫學與藥物的依賴。

問：關於普拉納發射與治療的科學研究，情況如何？

與艾爾特拉揚共同回答：在由中國人主導的科學調查中，「治療」人員發射的外來普拉納，攜帶的資訊與非治療人員的普拉納截然不同。大家都知道，所有的身體部位、人體的內部器官與組織，都具有微弱的磁場。然而，當普拉納療癒師進入發射普拉納的狀態時，人體表面某些地方的磁場強度，可以比內部器官的磁場強度強一萬至一百萬倍。也就是說，比非普拉納療癒師的磁場強度強一萬至一百萬倍。

注❶：這個六三〇的水平會隨著形態生成場的變化而改變。

多年來，普拉納療癒被認為是一種心理治療，這樣的觀點在西方仍舊相當普遍。背後有幾個原因，例如，合作——尤其是來自病患心理上的合作，在治療期間相當重要。不過，科學實驗已經顯示，液晶分子在外來普拉納的影響下轉動，由此證明，外來普拉納的療癒不只是心理治療。除了心理向度外，它具有客觀的效果。中國的科學實驗，報導了無數起具有非凡特性的普拉納療癒案例，最戲劇性的可能是骨折癒合，有X光拍下普拉納治療前後的骨頭狀態，顯示骨頭在幾小時內已接合並治癒。

普拉納與宗教

許多宗教之路都談到「臻至更高榮光」或揚升，或是談論得到「神恩」，但在場域科學當中，這兩者均可藉由「恩典」的流動測得，而恩典也對個人的能級校準做出回應。恩典是同步性（synchronicity）快樂地流動，只要當事人的思想、言語和行動均支持更大善意的正向進化，恩典便降臨於他。

問：普拉納課程如何與人們的宗教信仰合作？

答：大體上，它傾向於在人們現有的信仰上新增另一層。這些年來，我對各行各業與各宗教的人們發表演說、培訓這些人，當普拉納課程被全然呈現給這些人，並以他們可以關聯的辭彙呈現時，凡是有過某種神性經驗的人，似乎都能夠理解這個實相。我們知道，語言可以趨向，也可以分裂。

問：一個人需要相信神，才能成功地得到普拉納餵養嗎？

答：未必需要，但這人需要敞開來接納愛的力量，理解宇宙場的智能與力量，以及祂有能耐傳送一種得到滋養的另類方式。許多人透過靈氣與種種能量轉移療法，經驗到普拉納的療癒力量，許多人透過內在聲音或「本能」經驗到祂直覺引導的力量，更有許多人在靜心時經驗到祂的愛在流動。做到這些，然後接受祂有能力滋養我們，並不是巨大的轉換。不論之後我們稱這股原力是「神」，或是不那麼做，那其實是個人的選擇。「祂」並不在乎我們叫祂什麼，普拉納的宇宙原力，就是樂於我們確認祂並全然經驗祂，因為祂愈是擴展，我們就愈與祂認同。

問：你個人的宗教是什麼？

答：我個人的偏好是經驗到愛的宇宙場，以及當我們與祂有意識地融合時，祂為我們全體帶來的好處。因此，如果需要加以定義，那麼我的「宗教」是善意、慈悲、和諧與愛的行動。

問：一個人可以保持自己的宗教信仰同時實施普拉納課程嗎？

答：絕對可以。普拉納課程只是另一層，不論成功與否，均仰賴當事人的宗教信仰是否奠基於對所有生命的愛、慈悲與尊重，因為這些因素強而有力地影響我們的個人共振場，以及我們是否能夠磁吸到足夠的宇宙粒子前來保持健康。仇恨、恐懼與分離主義，降低我們內在普拉納的流動，遮蔽了祂的禮物。

問：如果有人絕對不相信神的概念，該怎麼辦？

答：只要這人可以接受這個概念：有一個宇宙智能場，無限慈愛且深具滋養，祂是無所不在的——在我們內在與周圍——那就足夠了。透過教育得知這個場域，以及普拉納作為宇宙粒子的力量，這相當重要，因為這會開啟可能性的場域。普拉納課程談的是心靈勝過物質，以及一個人敞開來接納、吸引、保有並放射多少的愛，這些不需要「神的實相」即可存在。

問：那麼信仰堅定的基督徒該如何接納？

答：只要當事人敞開來接納所有的禮物，禮物就會來到全然沉浸在基督意識中的這人面前，那麼這就不是局限。俄國的食氣者齊奈妲．芭瑞諾娃，就是純粹透過她對基督的摯愛達成這個狀態。

問：你主張普拉納課程可以團結全世界的宗教，如何辦到？

答：當我們增加自己的普拉納流量時，普拉納便以純淨的神聖之愛的經驗充滿我們，這讓我們得以脫離純粹知性的宗教觀點與教義。凡是會呼吸的人，不論受到哪一種宗教或文化的制約，都可以經驗到這股愛的流動，因此，它可以提供共通的一體連繫，成為同樣供養我們全體的力量，不管我們怎麼稱呼它。有些靈修者認為，我們全都是細胞，存在於一個擁有無比的愛與智慧的有機體之中。由於普拉納課程著重於理解場域科學，因此人們如何稱呼自己的神其實是無關緊要的。

問：有普拉納滋養者組成的國際性組織嗎？如果有的話，該組織倡導什麼議題？那是一種偶像崇拜或宗教運動嗎？

答：不，絕對不是。就我個人來說，成為普拉納滋養者是百分之二我的本性，也是我和西方世界的其他人正開開心心倡導的事，因為全球的歧見可能強大而真實。

問：還有許多人稱你為「上師」或食氣者的領袖，針對這點，你如何回應？

答：人們只需要一位上師，就是：內在神性自我。人是自己命運的主人，沒有人是受害者，因為我們每一個人都在創造自己的實相。上師只是某個特殊神祕領域的專家或老師，而真正的上師教你去發掘自己內在的上師。在這個實相中，狂熱崇拜無法存在，因為沒有領袖，只有主人。

問：根據所有國度真正和平相處的《聖經》預言，獅子真的能與羔羊相偎相依嗎？

答：這同樣與形態生成場有關。如果我們消滅人類的侵略性特質，停止屠殺人類和動物生命，這將會強而有力地改變社會和地球的生物場共振，力量大到足以使所有的國度留下印記。如果我們接著確保每一個個人都可以接通提供完整滋養的能量管道，讓大家感到充實滿意，同時變得利他、覺知，開始表現得像是有愛心且尊重他人的大師；然後顯而易見地，這也將在所有的國度留下印記。我在旅行時常說，我們在動物界看見的侵略程度，就是鏡映我們在人類國度看見的侵略程度。消滅人類的侵略性，提高「神聖之愛」的放射功率，我們將會看見「獅子與羔羊相偎相依」的實相。

附注：關於「揚升與開悟」的進一步問題與答案，請見第一章。

普拉納與環境

問：關於普拉納課程對環境的影響，你有什麼看法？

答：我認為普拉納課程對環境的衝擊分幾個階段，而且每一個階段都有恢復環境平衡以及將資源耗竭降至最低的效果。

問：可以描述一下這些階段嗎？

答：我們現在準備面對的第一階段是全球素食，而每年因不再餵養牲口所節省下來的穀物將可餵養好幾百萬人；例如，降低美國百分之十的肉類攝取量，就多六千萬人可以得到餵養。一九六一年，美國醫學會（AMA）表示，素食可以預防百分之九十的疾病。資源永續也仰賴我們跨出下一步，成為一顆素食星球。如前所述，全球素食是「普拉納養分議題」的第一步。儘管我們的世界——全體——可能還沒有準備好過著完全仰賴普拉納滋養的生活，但早已準備好要採納全球素食的實相，而且有三大理由讓大家立即認真考慮這點：

一、只要仔細了解，小心應用，素食可以增進健康。

二、更有效地使用全球資源，對環境的衝擊較溫和。

三、這讓全球更加經驗到對所有生命（包括人類與動物）的善意與慈悲。

在未開發國家，肉食者使用的資源是穀食者的五倍，而在西方國家則是二十倍。因此，現在在西方，我們可以人人開始吃素，然後立刻造就巨大的不同。我們也可以將節省下來的食物重新導入社會福利計畫，鼓勵資源重新分配。農夫可以開始與自己的內在神性自我合作，找到替代性方法，改以不同的方式嘉惠地球，從而在經濟上生存下來。一個擺脫無意識的屠殺的世界，是一個挺有意思的目標。

我也強調，素食是全球的下一步，不是普拉納滋養，因為關於素食好處的所有研究，均已得到證實。素食將會立即對我們的世界造就巨大的不同，而全球化的普拉納滋養則會在時機成熟時出現。當意識改變，我們也會自動變得更仁慈、更慈悲，而這也會擴大到動物界。未來將由道德經濟學（Ethical economics）主宰。

問：全球素食到底會對我們世界的資源造成什麼樣的影響？

答：這方面的衝擊非常巨大，我將在本書的最後一部分分享一份具體的研究統計資料清單。

問：普拉納課程對食物資源會造成什麼樣的衝擊？

答：這點甚至更加重要，何況人們能夠對此產生立即的影響。單是從一天三餐變兩餐，人們就可以降低百分之三十對人間食物資源的依賴，或者從兩餐變一餐，則可以降低百分之五十。選擇只有普拉納滋養的脈流，可以難以置信地改變環境的一切污染與資源枯竭的統計資料。

問：你為什麼那麼堅持全球素食是下一個進化的階段？

答：在我的著作《光之大使》（*Ambassadors of Light*）一書中，我們將普拉納的相關討論帶到全球舞台，分享社會必須如何持續進化，不只是為了某些人的好處，而是基於全體的利益。多數的打字員因為電腦提供更大的好處而變成冗員，馬匹和馬車很快就被汽車所取代，從騎在馬背上遞送郵件至今，人類已有長足的進步，現在則有電子郵件。

談到膳食選擇，我個人認為，鑑於目前所知，肉類的消耗可以類比成騎馬送信，而以光維生則同等於電子郵件——不需要中間人，只不過是較好的科技。

根據哈維．戴蒙（Harvey Diamond）的說法，美國國家科學院（National Academy of Sciences）、美國國家工程學院（National Academy of Engineering）、美國國

國家醫學院（Institute of Medicine）的院長們聯合聲明說：「我們相信，全球環境的變化很可能就是下一世紀最迫切的國際課題。」

單靠普拉納滋養的養生法，其經濟與資源效應以及對環境造成的影響是相當驚人的，而且不容忽視。

普拉納與全球政治

需要重述和注意的事實如下：

- 因為我們活在恐懼之中，單是美軍駐守伊拉克每個月的花費是四十一億美元（依據二〇〇五年六月《哈潑雜誌》〔*Harper's magazine*〕）。
- 要消滅全球的所有貧窮，每年的費用是三千五百億美元。根據世界銀行的研究，當前全球接近三分之一的經費耗費在戰爭武器上，這些經費可以每年重新定向，用來消滅全球貧窮。

在形上學界，共通的實相是，若要使一個國家、文明或世界和諧融洽，我們需要精煉並協調——個人在社群與全球場域的存在狀態。精煉個人，好讓個人的存在得到所有方法的滋養，也確保精煉過程是以與所有場域和諧融洽的方式完成，也就是說，和諧融洽與自我成就的遊戲必須是彼此呼應的。

問：這要如何應用在政治上？

答：幸好，這個精煉的過程現在可以藉由一套校準系統量測，依據的是霍金斯在著作《心靈能量》當中提出的洞見。因此，我們建議，不論是個人、社群或國家，能級校準低於五〇〇者，均不得領導或影響全球事務。例如，真實與誠信的能量校準在二〇〇，敞開與樂意校準在三一〇，智慧在四〇〇，所以我們建議，總統候選人的能級必須校準在五四〇以上，這是無條件的愛的能量，所有政治方面的候選人與顧問的能級，必須校準在五〇〇以上。這意謂者，這些人一定要帶著愛與智慧施政，超越以權力與小我為基礎的私下盤算。

問：怎麼不利用這套系統讓聯合國和其他類似組織更有效力？

答：正是這樣。舉例來說，唯有當一個國家擁有五〇〇的集體能級校準值，才能介入或參與全球政治與進化的指導遊戲。能級校準在三〇〇以上的國家，可以捐贈資源救助其他國家，但必須毫無條件地執行，不附帶任何政治籌碼，而接受援助的政府必須將資源分配給需要的人，而不是中飽私囊——如果只有能級校準在五〇〇以上的人才能領導，那麼這就不是問題。換言之，這則建議意謂著，先將自己的後院收拾乾淨，才能介入他人之事。

普拉納課程的議題包括，提出增進一套個人、社群、全球能級的全人教育，藉此提升場域和諧，讓健康與飢餓挑戰得到有效的對治與處理。普拉納課程也提出有效的方法，利用已提供的測試工具量測這些變化。

問：你要如何提供資金，贊助這類全人教育計畫？

答：贊助這類分享甜美生活型態計畫八大要點的全人教育，資金將會來自於：

- 人們愈加健康，健康照護的需求隨之降低，金錢便因此積攢下來。
- 人們以不同的方式得到餵養，食品生產的費用減少。
- 人們活在更大的內在然後是外在和平之中，少有恐懼，也就省下了製造戰爭武器的費用。於是我們可以將全球裁軍省下的金錢，重新導入到滿足基本的人類權利，這些在我的著作《光之大使——世界健康與飢餓專案》（*Ambassadors of Light – World Health, World Hunger Project*）之中，均已詳細討論過。

附注：場域是不說謊的，加上我們全都是相互連結的，因此測試能級校準的工具可被許多有利的方式加以運用。例如，任何環境、政治、宗教甚至是救援機構的議題，均可加以測試，如果發現能級校準不及二〇〇，就可以丟棄該議題，或是提升該議題，使其能級水平有所改善、變得更加和諧為止。凡是能級校準低於二〇〇的事物，絕對需要加以整治。

問：增加普拉納的流動如何改變政治觀點？

答：那會擴展意識，帶來更大的心智清明度、更多的共同洞見，且增加慈悲心，減少奠基於小我、貪婪、權力的私下盤算。

問：靈性的實相難道不應該與政治分開嗎？

答：宗教與政治時常同床共枕，而普拉納課程將會透過社會的所有層面推廣和諧與統一，藉此影響所有的決策者在執行任務時顧慮到眾生的更大利益。

所有的生命都是政治的，因為我們不斷透過政治協商一路前行。所有的生命都是靈性的，因為我們透過場域學習與成長編織自己的路。在形上學之中，一切事物都是交互編織的，對整體產生影響，沒有東西是分開的。

問：一九九八年以來，你一直在推廣轉換成普拉納滋養的不同方法，而且不再強調二十一天進程，為什麼？

答：我覺得，身為普拉納課程的領導級聲援者，這套課程需要盡可能安全地被提出來，附帶最好的教育，教導人們它的全數禮物，且不那麼強調滋養的面向。因此，我撰寫了《眾神的食物》。另外，百分之七十經歷二十一天進程的人們，選擇忽略書中的行動綱領，此舉很可能危害當事人的健康，同時無謂地損害我的名聲，污染普拉納課程的真實信息。

問：可是因為這本普拉納課程，你現在又回到這些滋養面向，為什麼？

答：如本書序談到的，由於英國國家廣播公司的紀錄片、拯救生命演唱會、第三世界債務豁免計畫等等，許許多多的焦點再次集中在非洲的局勢上，而當我親眼見證這一切，我必須自問，關於普拉納課程的全球教育，我們達成了什麼，還有它該如何被務實地應用在第三世界國家。

過去十年來，從我們首度公開這份資料開始，已歷經諸多變遷，我們每一個人也都變得更加了解情況，然而，因為沒有人帶著這類資料為第三世界國家挺身而出，我才決定這麼做。而在這麼做的過程中，我想要製作一本簡單的問答手冊，談論普拉納與它的屬性，不涉及太多的方法。

問：你以什麼方法讓自己變得更加了解情況？

答：我相信我們現在更加了解普拉納課程這門科學，而且相信它可以因正向的結果而被相當簡單且符合邏輯地好好應用。舉例來說，在二〇〇三年，我在羅馬尼亞分享了我們的許多工具與洞見，當我在二〇〇五年再到羅馬尼亞時，發現人們不僅閱讀我的每一本著作，而且親自應用書中提出的工具，見到自己的生命出現莫大的正向改變，教導自己的家人與朋友同樣的工具，並看見對方也享受到莫大的改變，於是，他們全都回來找尋更多的信息。那是非常溫馨而激勵人心的，讓我得以與那麼敞開來接納良好再教育計畫的人們打成一片，何況這些人真的會親身應用這些教誨，且得到出色的成績。基於我們的努力在東歐一些國家獲致成功，這一切激勵我現在帶著整套的普拉納課程進入第三世界國家，因為當國家曾經驗到莫大的失落或鎮壓，人民就更加渴望正向的改變工具。

第七章

二十一天進程的問題與挑戰

一項啟蒙的活動

問：在你談論「普拉納課程」的第一本著作中，不僅描述你在這方面轉換的個人經驗，而且談到一次現在稱之為「二十一天進程」的具體啟蒙活動。簡單地說，這個二十一天進程的啟蒙活動談的是什麼？

答：那是一次靈性的啟蒙，增強了我們內部的光指數與個人的能級水平，結果帶給某些人有能力擺脫需要實體食物的禮物。對某些人來說，這重新校準我們，使我們進至更深層的神聖之愛頻率管道，因此可以接收到其他內行人才懂的禮物。

問：什麼使你興起執行二十一天進程的動機？

答：當時我唯一的興趣是個人的揚升與開悟之路。如果有人說：「執行這個啟蒙活動，然後你就再也不需要攝取實體食物。」我一定不會動心。為了身體的滋養而純粹仰賴普拉納維生，這是小小的副產品，主體則是一趟層面極大且正在開展的個人靈性之旅。對我來說，開悟是一趟旅程，不是一個目的地，而我們永遠可以增強能耐，讓自己吸引並放射更多的光。

問：經歷了二十一天的啟蒙活動，你從中得到的好處是什麼？

答：這很難說，因為我當時的整體生活型態，使我保持在許多禮物紛紛出現的頻率管道中，所以很難分割。不過我相信，二十一天進程加速並擴展了我掌握某些事物的能耐，例如，不斷地處在恩典的流動中，經驗到接連不斷的同步性、交互於次元之間的心靈感應、超覺知力，以及將普拉納當作滋養的實相。

問：二十一天進程的問題或挑戰是什麼？

答：如果一個人沒有準備好，沒有聆聽自己的內在聲音，那麼二十一天進程就可能會帶來許多的問題，從體重大幅減輕到甚至賠上性命。運動員必須培訓到可以自在地在馬拉松賽當中競爭，而這跟二十一天進程啟蒙活動很類似——人們需要在肉體、情緒、心智與靈性上保持健美，以便擁有適當的能級水平。

問：你不斷分享，你偏愛《眾神的食物》一書中詳述的轉換過程，為什麼？

答：這是一套比較緩慢、安全的轉換系統，促使肉體、情緒體與心智體可以更輕易地整合在一起。它消除了人們操作二十一天進程的許多問題。

問：優勢在哪？

答：二十一天進程是一份快速晉升計畫，將人們從一個實相十分快速地切換到另外一個實相，沒有許多的社會／家庭／情緒體調整時間，因此會對生物系統的這些層面造成相當的震驚。漸進的提升過程似乎可以減輕這點，而且比較持久。

問：執行二十一天進程的每一個人，都把目標訂在與神性自我本質的更高或揚升面向連結嗎？

答：不是。經過調查，全球百分之八十三的執行者表示，他們執行二十一天進程是因為覺得這樣做恰到好處；百分之七十二這麼做是為了經驗自己的神——內在神性自我，百分之十九基於健康的理由而執行，百分之十二是為了膳食的原因，百分之五出於好奇！但是我要對大家說：「如果你不相信神，或是無限的愛與智能的宇宙場，然後你停止進食，你認為什麼東西會來餵養你？」若要執行二十一天進程，一個人需要知道自己創造自己的實相，還要能夠掌握心智的力量，例如：「我期待普拉納——那份神力——來餵養我。」然後普拉納才會餵養你，因為無限的愛與智能的宇宙場鏡映並支持我們的信念。

問：在你第一本談論這個主題的著作中，為了因應普拉納課程，人們需要採取的步驟相當簡單，但在你後來的著作裡，這些指令變得比較詳細，例如，吃素好幾年，吃純素六個月，生食加喝水再六個月，這是為什麼？

答：我過去的背景包括二十多年的體適能訓練、素食、靜心等等，於是我以為，會受到這個進程吸引的人，自然也會擁有那一類型的背景。對失調的人來說，要執行只靠普拉納的課程是非常極端的，一個人顯然需要準備充分，才能達成普拉納課程可以達到的成功，並充分享用普拉納課程的最大好處。因此，新方法涉及比較長期的準備工作，而且我建議人們，藉由《眾神的食物》一書中提出的計畫，將自己的身體轉換成仰賴普拉納滋養，同時理解宇宙粒子水合與進食的實相，這部分我們收錄在《愛的法則》之中，而它強調的也是心的能量。

單是簡述飲食層面，如果你想要變得健康許多，甚至是擺脫進食的需求，那麼你首先要成為素食主義者，然後變成吃純素，停止消耗所有的動物製品。然後進展到生食，然後是果食。然後只進流質，然後才到普拉納。

這樣的飲食轉型愈是逐步漸進，你就愈容易放下情緒體的癮頭，不再沉迷於因吃進各色食物而得到的愉悅。同時，一個人需要在心智與情緒上為自己調頻。不過單是飲食的精煉提升，並不會吸引到足夠的宇宙粒子，讓你仰賴只靠普拉納的養生法就可以保持健康。

要記住，普拉納課程的重點並不是吃或不吃，而是與內在神性自我建立非常強健的連結。這方面有個小小的副產品，亦即，如果我們選擇不再從食物攝取營養，祂將會餵養我們，但是假使沒有這份連結，什麼東西會來餵養我們？普拉納課程的重點絕對不是一種新的非實體食物餐點。

問：你現在認為，第一本著作中的行動綱領是錯誤的？或是會誤導讀者嗎？

答：不是錯誤的，不過我想當然耳地以為，大眾是更有辨識能力的，而且相信大家理解這本書的真實訊息，也會自我負責且準備充分。

問：可以說明你的第一本著作的真實訊息是什麼嗎？

答：它的基本訊息是，藉由另一個營養來源在「所有」層次上得到滋養，這是有可能的，而且我們的內在神性自我可以辦到，只要我們選擇讓祂這麼做。我們的訊息還包括，人類需要馬上為發生在自己生命中的一切負起責任，因為人們的選擇正影響著這顆行星。若要使我們穿越這個新千禧世紀的轉型，成為一趟全體歡樂的旅程，同時更有效地利用資源，實在有許多是我們大家可以努力的。第一本著作其實是我個人在這個實相場的經驗之旅，以及了悟到那是有可能的，即使我並不明白其中的科學與方法。我唯一知道的是，我被賜予了這份禮物，作為二十一天啟蒙活動的副產品。

問：所以，大概只有某些人會擁有掌握心智的力量且受過體適能訓練，足以通過你在第一本著作中討論過的二十一天進程嗎？

答：或是擁有那份渴望。世間還是有足夠的人，足以據此創造全球性的轉變。當人們得到與自己的生命藍圖相合的資訊時，會發生一件趣事——這人的心在唱歌。藉由詢問，我們可以觸發生命藍圖的「下載」，明白我們來到人世間的真正原因。因此，如果書中談論這個主題的資訊並沒有讓你的心唱歌，千萬不要行動，因為這不屬於你的生命藍圖。如果你決定採取行動，那麼你需要向內在神性自我請求協助，如此才是喜悅與自在和恩典的轉型，然後你需要潔淨自己的飲食、更加健康、正視你對食物的情緒，同時讓你的家人做好準備。「唯有」你的「內在神性自我」可以為你提供完美的轉換程序，只有你的內在神性自我會對你揭示你的生命藍圖。

問：你帶著這份「以普拉納作為滋養品」的討論以及《光之天使》一書來到全球舞台，它的重點是什麼？

答：在《光之大使——世界健康與飢餓專案》當中，我收錄了更多關於我們的研究專案的資訊，也再次強調需要體適能訓練與事前的準備工作。我發行的每一個版本都新增更多的資訊，因為我們自己接觸到更多，而在這本書裡，我們也將資訊應用到全球計畫上，例如，資源重新分配、全球環境衝擊以及其他比較政治性的課題。

問：你在你的補充資料中說道，並不是每一個人都因為執行二十一天進程而改善了自己的健康，而且事實上，有些人的情況日益惡化？

答：二十一天進程以不同的方式影響每一個人，不過百分之九十一接受調查的人們表示，他們發現二十一天進程頗有裨益，百分之六十六認為，他們的健康改善了。這個啟蒙儀式的重點在於讓能量重新導向，而且有許多的禮物透過二十一天進程發生在人們身上，這些與以普拉納作為持續的身體滋養來源無關。我注意到，人們接收到的禮物取決於意圖的純淨度。

問：難道你不為誰可以執行二十一天進程的啟蒙儀式設限，讓這個活動更安全？

答：不能那麼做啊——東西已經在那裡，像行駛中的火車，因為我的著作現在有十七種語言的版本，所幸我們會定期更新版本與指導原則，讓大家「因普拉納而健康起來」。我們也發出了一份核對清單，公布我們希望大家怎麼做，且不斷更新並宣傳我們的研究和建議。我認為，大眾是聰明的，一定會發揮自己的識別能力。此外，我們擁有這方面最偉大的老師兼嚮導，就是內在神性自我，祂把我們的最佳利益放在心上。我是誰啊，怎麼可以告訴別人該做什麼、不該做什麼，尤其是預先設定好要這麼做的那類人士。但是我們可以在後續的文章中，提出指導原則並改善我們的模型，而且一直透過我們刊登在免費線上雜誌《艾拉妮絲之聲》（*The ELRAANIS Voice*）與目前這本書中的文章持續進行。

問：生病的人可以執行二十一天進程嗎？

答：我聽說過許多奇蹟式的療癒，透過增強普拉納的流動而發生，然而這些人當中，許多人並不是在所有層次上都健康，但卻還是在執行的過程中發現了莫大的好處。為什麼普拉納課程療癒某些人，卻沒有療癒另外一些人？我們並不知道原因，不過我們的確知道，愈是在所有層次上都健美，二十一天進程就愈安全。儘管如此，我還是建議，請大家改而採用《眾神的食物》中的轉換過程。

懷疑派與媒體界的看法

問：二〇〇〇年時，你因《來自普拉納的滋養──新千禧世紀的身體養分》一書而獲得哈佛大學頒贈的搞笑諾貝爾文學獎（IgNobel Prize），對此，你有何回應？

答：德國哲學家叔本華說：「所有真理都會通過三個階段。第一，被嘲笑。第二，遭到激烈反對。第三，接受它是不證自明的。」因此，聚焦在人類的潛能並結合古老東方傳統的良好全人教育課程，將會減緩這個現象。話雖如此，我個人對搞笑諾貝爾獎那則新聞的反應是哈哈大笑，因為我確定，這個獎項是帶著善意的幽默頒發的，幽默之處在於，人類實相的本質似乎是不輕易相信。

問：你現在如何應付懷疑派？

答：輕鬆愉快地，帶著幽默，外加一份再教育的資料。事情很少像外表看上去的那樣。舉例來說，最近，我最愛的體能鍛練活動是赤腳在海灘上倒著走。每天看我這麼做的某些人可能認為：「那兒有個奇怪的女士，戴著牛仔帽，沒戴太陽眼鏡，又在向後倒退走。我很納悶，到底是她行徑異常，還是有什麼特別的理由？」

那頂帽子保護我的臉，不被澳洲炎熱的太陽曬到，然而不戴太陽眼鏡（以我們這兒的氣候來說，這是不尋常的）讓我得以透過雙眼，將更多的普拉納直接吸收到頭腦之中。赤腳步行意謂著，我可以靠土壤普拉納為食，而倒退走重新平衡我的整體內部能量流，且以不同的方式鍛練身體並提供身體能量。

同理，有人說：「那是垃圾，每一個人都得進食，她是騙子。」由於沒有接觸到這方面的教育，這些人並不了解我在本書中討論的所有好處，所以，你需要恭敬而輕鬆地對待懷疑派，而且幽默總是幫得上忙。

問：談到懷疑派和疑慮，你曾被批評，不用實證測試來證明普拉納可以滋養你的主張。這是你現在準備要做的事情嗎？

答：我已經做了許多對抗療法測試與替代性測試，好讓我自己相信這是可能的，因為我的身體一直保持健康，而且我已將這樣的成果與全世界分享。我也與在德國、印度最近則是俄國境內的醫生們合作過，接受他們的測試。由於那時我需要落實自己的生命藍圖，我並不準備打亂自己的工作行程，不準備每次有人要求我證明這點，便接受測試。我也知道，假以時日，當愈多人發現這點，普拉納的力量將會證明它自己，成為許多人共同的生活型態選擇，就像素食今天的情況。在備受爭議的領域中，時間是不錯的校平儀。

問：身為全球神性養分範型的主要倡導人，又必須處理因普拉納滋養實相而自然產生的所有懷疑態度，對於這樣的未來，你還有什麼別的看法？

答：就跟許多瑜伽士和薩滿一樣，我曾經蒙福，擁有可以（不時）瞥見人類未來的能力，而且我曾親眼見證，基於個人和全球效益，「以普拉納作為滋養品」的實相正得到神性的支持，不會消失。我見過一個世界，在那裡，宰殺任何生命（人類或動物），不再是實相的一部分，且被視為屬於比較野蠻而無知的過去。在那個「新」世界之中，存在著對一切生命的愛、榮耀、尊重，而且人們曾經受教育，懂得如何創造並維持肉體、情緒體、心智體、靈性體的健美。在那個世界裡，我們生活在一座座的彩虹城市中，城市由散發著愛和智慧以及健康與快樂的水晶光構成。

問題是，如何到達那裡？

我們需要採取哪些步驟，才能進化到這個新世界？

答案不過是人類意識的擴展，這發生在當我們採納更加整全的生活型態時，而這類生活型態的設計，旨在改變我們的腦波模式並活化我們的高階敏感度。

雖然懷疑態度是健康的，但對於處在這個新範型「前線」、總是表現得如大師一般的那些人來說，因缺乏教育導致的無知與恐懼，才是為什麼這點那麼重要的原因。這樣的融會貫通有一部分涉及——不管發生什麼事，不論情況如何，都有能力掌握並散發愛的振動。

問：在西方，媒體如何處理這個實相？

答：大體上，媒體界一直是非常支持的，不過就我個人的經驗，主流媒體往往更聚焦在追求轟動而不是負責任的教育性報導。此外，儘管我讚賞媒體冀望呈現兩個觀點的事實，但詢問完全不懂普拉納場域的人、質疑這個場域的可能性，好讓媒體可以提出客觀的看法，對我來說卻是非常奇怪。我們做了十多年的實證研究，完成了幾千件這方面的工作，而詢問我們問題時，偏偏要找從沒聽過普拉納、在貝塔波思維中運作的醫療從業人員查核，這一切在我看來也是非常荒謬。就好像是要求數學家針對撰寫交響樂的複雜度發表評論，那是不同的教育和創造領域。

問：千禧年一開始，你其實是不再就普拉納課程的教育面向與全球主流媒體打交道，為什麼？

答：首先，我們藉由這個可能性的實相印記了幾近六分之一的地球人口，已將這個實相錨定在地球的形態生成場。這讓我能夠好好地仔細篩選，只與開放正向且正直誠信的媒體打交道。這個課程的大多數倡導人不久之後均退出主流媒體，因為媒體時常採納譁眾取寵的立場，令人有些擔憂。其二，時候到了，我該要展開自己另一層次的服務藍圖。

問：身為媒體發言人，從一九九七年開始，你就直接或間接對超過十億的人們談論神性養分，在與不相信且持懷疑態度的媒體打交道的過程中，你學到的最大教訓是什麼？

答：關於與持懷疑態度的主流媒體打交道，我學到的多數教訓都概述在名為「負責任的報導」（Responsible Reporting）的文件之中。[1]

注❶：參見網址 http://www.selfempowermentacademy.com.au/htm/files/docs/DNP-RESPONSIBLEREPORTING.pdf

我個人學到了更加謙卑，還有，當我們站在真理的立場時（那對我們來說是真正的經驗），那麼別人怎麼說都無關緊要了。我還學到，擁有某個主題的完滿研究與專業知識（包括智性與經驗性）的好處及重要性。最後，我再次確認，對全世界有所裨益的研究，如果與更占優勢的金錢或權力議題發生衝突，那就不見得需要加以推廣。由於採納普拉納課程而終將發生的經濟、環境與醫療的改變是革命性的，因此，它的出現，只可能源自於人類意識的改變而使三贏的解答獲得支持。

問：你為什麼堅持為普拉納課程發言？

答：因為普拉納課程提供給世界的好處太驚人、太正向，不容忽視。我也堅持與經過篩選的媒體打交道，因為我相信，若要加速全球教育、使世界擺脫恐懼與無知的範型，這是最為強大的工具之一，當然，一定要基於至善與誠信而運用普拉納課程。

問：曾有幾宗死亡案件與這個二十一天進程有關聯，你可以針對這些詳細說明嗎？

答：我並不是直接參與這事，只能提供研究這個問題時人家告訴我的資料，而我一直沒有得到任何案例的完整事實。我想要補充的是，經過相關警政單位調查過的那些案例，替我洗清了所有的罪責。引發爭議並不是因為有人死亡，而是因為人們不相信這麼做是有可能的，因此，我建議那是有可能的，對這些人來說是道德上的錯誤，讓參與的人被誤導了。只要不是某人離世的時間，只要這人微調自己的系統與能級，負責任地做好準備，那麼純粹仰賴普拉納維生不僅是安全的，而且可以促進健康、延年益壽。

我個人寧可沒有人因此而喪命，人人對自己的行為負責，但下述事實卻不容忽視：

- 根據形而上的說法，你不可能死亡，除非你的大限已到。你的內在神性自我與無限的愛與智能的宇宙場，將會設法迴避非你離世的致死原因。霍金斯的能級校準研究分享，我們出生時，就知道自己死亡的確切時間。
- 許多人因缺乏適當營養而死亡的課題需要立即加以處理。統計學上，十年之間兩萬人之中就有三人因此而死亡，或是每隔兩秒鐘就有一人餓死。所以我們需要用不同的觀點看待這事。

人們不斷因為缺乏醫藥專業知識和技術、因為不正確的診斷、忽視潛在的致病因素及其他原因而死亡。將普拉納課程的生活型態納入預防醫學的範疇，可以重新平衡並減輕這一切。車禍事故與久坐的生活型態、戰爭和飢荒、加上錯用處方藥，這些造成的死亡人數，將會比不負責任地轉換到普拉納課程多幾十億人；比如說，「每年因美國食品藥物管理局（FDA）同意的非處方藥與處方藥造成的不良反應，超過一千萬件。我們現在談論的並不是輕度噁心或頭痛。每年約有六萬至十四萬人因不良的藥物反應而死亡。每一年，因服用處方藥致死的美國人勝過整個越南戰爭死亡的美國人。」《逆轉心臟病——自然療法指南》（*Reversing Heart Disease, Guide to Natural Healing*）的作者朱里安．惠特克（Julian Whitaker）醫學博士這麼說。

問：蘇格蘭有位女士去世之後，你接受澳洲節目〈六十分鐘時事〉（*60 Minutes*）的挑戰，要連續七天不吃不喝——除了主流媒體的報導，這次考驗的結果如何？

答：結果是，五天後〈六十分鐘時事〉停掉這次實驗，害怕我會成功，那可能會為他們製造問題，因為他們的意圖始終是把我描繪成自欺欺人，還有方便他們證明，不吃不喝是危險的，對沒有準備就緒的人來說，的確是這樣。在我們開始之前，他們就已經設定了結果（雖然我傻傻不知他們的意圖）——結果一定是失敗。能級校準測試將會證實這點，因為這些全被公正地記錄在無限的愛與智能的宇宙場中。

問：從這次〈六十分鐘時事〉的挑戰中，你學到了什麼？

答：我個人學到，不要那麼天真地輕信新聞的真實性。我也學到，只參與充分了解的人建構的實驗，這些人意圖正向，將全球教育的最佳利益放在心上，誠信度與我相同。我還領悟到，不可以低估觀眾的智能，當觀眾被問到，對報導我的故事的節目有何印象時，一開始就有百分之七十的人表示，他們相信那是有可能的，這樣的支持度令我自己與〈六十分鐘時事〉團隊都頗感震驚。

問：假使你可以讓時光倒流，你會再做一次這事嗎？

答：會的。我選擇去看見一切事物的完美，因為所有情境都有某份學習的禮物要透露，不過我會改進契約並讓契約得到法律的認可，以此避免不正確的報導以及像〈六十分鐘時事〉那樣中途退出，同時多讓得到更高範型激勵且立場超然的單位為我們說些公道話。

問：所以你相信，任何宣傳——不論好壞——都是有所裨益的？

答：不一定，然而，即使針對這個課題的宣傳算不上支援贊助，但至少在人們的心靈中種下思想的種子，何況加上進一步的教育，那些種子就可以綻放成了解。

問：你之前說過，很難追蹤西方世界有多少人現在正在應用普拉納課程，難道是負面的社會反應造成的嗎？

答：就某個層面的確是。由於這個範型對主流實相是極大的挑戰，因此我們許多人都經歷過奚落揶揄以及公開或私下對立，然而我們知道，最終，普拉納課程將會進入一種被接受的狀態。當這些階段在食光者示範著這個範型的不同國家境內展開，有些食光者沉潛下來，很少談論這類事情，有些則是非常公開地支持，但多數食光者簡直是小心謹慎，仰賴自己的內在指引告訴他們能與什麼人分享這類事情。

問：既然你在主流媒體界已是半退休狀態，那麼目前有沒有其他人非常公開地護衛普拉納課程？

答：有的，時代更迭，總是長江後浪推前浪。一九七〇年代，威利．布魯克斯（Wiley Brooks）在美國發起「食氣主義」（breatharianism）。我在澳洲、亞洲和歐洲非常公開地力挺「普拉納滋養」幾近十年，直到完成我在這方面的媒體任務為止。然後，馬內克成為那個公眾形象，馬不停蹄地巡迴印度和美國，與形形色色的醫學和科學團隊合作，為的是提出他在「以太陽為食」計畫方面的研究與經驗。

在馬內克之後，一定會有另一個人，就這樣接續下去。當然，我們體認到，他人完成的所有工作對於錨定這個實相均有個人和專業上的貢獻。當一個範型停留人間，你可以看出端倪，這時，來自許多不同背景且多數素未謀面的不同人士，開始達到並分享同樣的發現，而神祕圈內目前振奮人心的事情之一與禮物有關，亦即：當我們有意識地轉變腦波模式且與愛和慈悲（這些也是普拉納課程成功的兩個重要面向）的能量合作時，到底會出現哪些禮物。

問：你還強調，需要誠實面對這個轉換過程的每一步，為什麼？

答：我見過這個領域中不少人的美好成就不必要地遭人懷疑。舉例來說，有好幾個案例顯示，知名的食光者多年來輕鬆面對轉換過程，選擇偶爾吃一餐。當別人問及進食一事時，他們加以否定，於是自己的名聲毀了，在這個領域的重要成就也遭人懷疑。

得到普拉納滋養不見得是非黑即白的事實——要麼經常吃，要麼從不吃。對我來說，這裡的重點始終是選擇的自由，而在我們的旅途中誠實，可以幫助他人領會到這點。

譬如說，我的身體沒有一個細胞相信它需要食物才能得到供養或維持生命。因為知道這點——包括知性上和經驗上——我可以隨意選擇，不害怕吃或不吃導致的負面結果，那些都無關緊要。

我們需要記得，雖然過著只靠普拉納滋養的生活對他人來說似乎難以相信——由於缺乏教育以及鮮少接觸這樣的可能性——但我們只需要對自己證明，這是我們的自由之旅，我們需要誠實面對自己和他人，才能讓這條路更加輕易，才能尊重我們一路上面臨的挑戰。

第八章

如何攝取太陽普拉納滋養自己？

太陽能滋養的實相

問：什麼是「太陽能滋養」？

答：「太陽能滋養」是純淨的普拉納之流透過我們的太陽，從次元交互之間的中央太陽將頻率往下降，成為地球與其居民能夠處理的放射線。它是純淨基督化意識的擴散形式，在此，基督化（Christed）意謂著純淨的神聖之愛。它經由雙眼直接傳導至腦部，刺激腦波改變，啟動活化更高的腦中心同時滋養身體。太陽能滋養的主要倡導人是希拉．拉坦．馬內克（Hira Ratan Manek），他的網站[1]有更多的詳細內容，而我們將在下一個部分提出一套太陽能滋養程序。馬內克參與了這方面的醫學與科學研究，

注[1]：參見網址www.solarhealing.com

以下我們會提到夏醫師的某些發現。

問：馬內克與你擷取和利用普拉納課程的方式有實質上的差異，你可以針對這點詳細說明嗎？

答：我們的系統的主要差異在於，太陽能滋養系統主要是一套替代性的外來進食系統，透過太陽取得純淨的普拉納。我一直研究的系統是一套內部的進食系統，利用人體脈輪的能量中心以及與原子們合作，擷取紫羅蘭之光作為宇宙粒子。過去幾年來，我們一直將時間花在沒有實體食物與任何外來光線的暗室環境中，藉此測試這點。這讓我們得以更強而有力地經驗自然的內在光流，同時感覺到腦部褪黑激素與神經荷爾蒙二甲基色胺（DMT）與五－甲氧基二甲基色胺產量增加的效應。

問：靠太陽進食或太陽瑜伽的理念，固然好，但是，當我們生活在最少太陽兼最大污染的地方，遮蔽了有益的普拉納射線，該怎麼辦？例如，像歐洲的漫長冬天那樣？

答：這正是為什麼我覺得，單是靠太陽進食的原則不足以維持神性養分的整體流動，何況要做到這點，我們必須從中央太陽的能量進食（這能量從內在的宇宙流經我們的原子）。此外，我認識的所有成功靠太陽進食的人，包括馬內克在內，都如之前討論過的，修煉著他們自己的「甜美生活型態計畫」。為了持續維持健康與快樂，我們必須有意識地管理自己內在和外在的能量流，同時將自己的能級保持在特定的水平。

附注：希拉曾經對我說，透過自然界太陽而來的能量非常的強而有力，一旦透過雙眼流入我們的身體，它們便滿溢我們的系統，燃燒掉任何的渣滓，從而淨化並滋養我們，不論我們的信念系統為何。二〇〇五年期間，希拉回復到偶爾攝取少量食物，因為忙碌的行程意謂著較少接觸陽光、較少赤腳走在大地上。他不確定是否該公開分享這一段，所以繼續保持沉默，但卻被他人發現，馬內克一開始否認，那些人很生氣。我衷心希望，他的一切美好成就並沒有因為這段插曲而被低估。

夏醫師因研究馬內克而得到的資料：當時，馬內克在嚴格而持續的監督下，接受四百一十一天的測試。[2]

靠太陽進食是從「宇宙的源頭」汲取能量，夏醫師把這看作能量運算，而非卡路里運算。他說：

「所有的宇宙源頭中，太陽是最強而有力且唾手可得的來源，而且自古以來一直被德高望重的聖哲們用作能量，包括印度耆那教的馬哈維亞大師（Lord Mahavir）、

注[2]：完整的文件請見http://www.selfempowermentacademy.com.au/pdf/light-ambassadry-research-booklet.pdf

西藏的喇嘛們以及其他聖哲。同樣的，太陽能量如何被接收——大腦與心智是人體內最強大的接收器，視網膜與松果體（根據笛卡兒的說法，這是第三眼或靈魂的所在）配備了光感受體細胞，可以被視為感光器官。如同植物界直接仰賴太陽，因葉綠素和光合作用而繁茂成長，同樣地，當我們提出太陽能量的假設時，某些光合作用也一定會發生。」

問：這股太陽能量如何進入身體？

來自夏醫師的研究回答：「透過複雜的方式與獨特的路徑。有一條路徑從視網膜到下視丘，叫做視網膜下視丘路徑，這條路徑將光亮與黑暗循環週期的資訊，帶到下視丘的視交叉上核（SCN）。從視交叉上核沿著松果神經（交感神經系統）將神經脈衝傳送到松果體，這些神經脈衝抑制了褪黑激素的產生。當這些神經脈衝停止（在夜晚或黑暗中，這時光線不再刺激下視丘），松果體的抑制機制也就停止，於是褪黑激素被釋放出來。松果體（或第三眼）因此是感光器官，也是人體重要的計時器。至今無人探討的太陽能量合成與轉化的過程，可能有一部分就發生在這裡。」

問：關於松果體在這個過程中的角色，你發現了什麼？

來自夏醫師的研究回答：「查閱近年來科學文獻的細節，也將這些文獻與古印度的靈性經文以及西方神祕派和新時代相較，下述事項顯而易見。松果體的啟動活化是通靈、靈性與能量轉化過程的關鍵步驟。能量的處理與重新配送，就是發生在這個腺體當中。松果體也是所有內分泌腺體的指揮官，所以控制著肱骨系統。松果體也調節晝夜節律、睡眠與清醒週期、以及減緩老化的過程，它具有通靈的特性，且是靈魂與心智的活動中心，亦即所謂的第三眼。它是譚崔系統的阿濟納（Agna或Ajna）脈輪，它的啟動活化，可因長期的瑜伽修煉、靜心技巧或是透過修煉太陽能量而達成，而修煉太陽能量並不是採用典型的瑜伽步驟。松果體也會抑制某些腫瘤的增長與轉移，對免疫系統有刺激的作用。」

辟穀與氣功

問：氣功大師們談到的辟穀狀態是怎麼一回事？

答：辟穀是一個人可以從氣功修煉自然而然進入的狀態，在這個狀態中，當事人不需要攝取實體食物，有時也不需要流質。辟穀是一種狀態，在此，一個人沒有攝取任何食物卻維持著正常的生活。標準的辟穀意謂著少許飲水或是絕不喝水；基本的辟穀意謂著只飲用水和果汁；非標準的辟穀意謂著攝取水、果汁、偶爾攝取有汁的水果和蔬菜湯。

雖然我個人在過去十二年來因選擇的關係而經驗到這三種辟穀狀態，但由於這些氣功大師的工作重點在於其他的健康領域，他們並不宣揚辟穀，因為他們覺得社會還沒有準備好接受辟穀現象。

問：關於氣功，可以多談一些嗎？

答：「許久以前，在古老的中國，在努力求生的過程中，人們逐漸領悟到，某種程度的身體活動、心神集中與想像力，加上種種呼吸法，可以幫助他們調整某些身體功能。這樣的知識與經驗被傳述下來，隨著時間的流逝而昇華精煉，且代代相傳……形成今天所謂的『傳統氣功』。[3]

氣功的普遍特性是，同時訓練身體與心靈。性命雙修是傳統氣功的主要內容，樣式包含動與靜，獨特的方法結合心智（意識）、氣（生物能量）、身體與性靈。

傳統氣功奠基在『道德』的原理，唯有強調道德、成為有道德的，同時維持道德，且擁有仁慈的道德心、有道德的性格、有道德的行動，我們才能達成與自己的環境和諧相處，符合修煉氣功的三大必要狀態：鬆、靜、自然。『道德』是進入氣功大門的黃金鑰匙。」有道德的生活也是增加普拉納流動的關鍵。

問：你說，氣功社群做過許多進入辟穀狀態的研究，可以提供更多這方面的資料嗎？

答：在核物理學家陸祖蔭的著作《氣功探索》（*Scientific Qigong Exploration*）中，他進一步分享辟穀的狀態，以及針對沒進食長達六年的人們所做的實驗。嚴新醫師是中國境內最受尊敬且大家公認的氣功大師之一，與他合作的深入研究已經完成，且已分享給世人。許多人因為他的在場而不由自主地進入辟穀狀態，而且許多這方面的研究已用中文記錄下來。事實上，目前已有六十多本著作收錄他的研究，探討氣功發射的力量與好處。

問：在你認識的普拉納滋養者與辟穀修煉者之間，有共同的卡路里攝取標準嗎？

答：根據量測氣功發射與研究辟穀狀態的科學家的說法，處在辟穀狀態的許多人，多年來仰賴每天不到三百卡路里維生，卻沒有對這些人的身體造成任何的損害。一九八七年十月，十歲的丁靜進入了辟穀狀態，且持續六年以上保持那樣的狀態，每天的卡路里攝取量介於兩百六十至三百之間。我們發現了同樣的情況，而且許多人持續非常健康地活著，仰賴的卡路里攝取量持續對抗並挑戰現代醫學與科學的信念。我個人已

注❸：引用自網站 http://www.qigong.net/

經透過辟穀狀態變得更加健康，早就毋庸置疑地對自己證明，某種其他的力量正在滋養我的身體。

問：你認為純粹以普拉納維生的主要條件是什麼？只仰賴神性之光維生的祕密是什麼？

答：十多年來，個人的實證研究，加上訪談過幾百位經由神性養分成功存活的人，我得到一個結論：我們的振動決定我們在這方面能否成功，除此無他。我們的振動讓我們得以從內在層面引出此一養分，然後回頭貫穿我們的細胞結構，只要這是我們的意圖。這也讓我們得以吸引到更多內在和外在的氣，或是普拉納——有更大量的「宇宙火」、「虛空」和「星光體」湧入——那些是維持所有生命粒子的主要元素。類似純淨的心的東西，帶著慈悲與善意服務的能力，敞開來接納更高法則且願意發揮自己的高層心靈，凡此種種，都會強而有力地將我們調至可以揭示自我超自然力量的頻率管道，在此，辟穀的能力只是一項小小的副產品。

問：關於如何吸引到更多的普拉納進入體內，以及為什麼這會發生，也就是說，能級校準、腦波模式等等，除了已有的解釋，對於這怎麼可能，尤其是療癒和辟穀，在中

國的研究中有沒有其他的理解？

與艾爾特拉揚共同回答：關於外來普拉納如何造成療癒和辟穀狀態，有人提出，一般人擁有大約一百四十至一百五十億個腦細胞，不過通常只用到百分之四到五，絕不會超過百分之三十。即使年紀增長，有記憶障礙，在一個人去世時，還有百分之八十至九十的腦細胞沒有動用到。觀察到的現象是，一個人進入接觸外來普拉納的狀態之後，腦部深層的中子也會進入興奮的狀態。這會影響意識所關注的腦部區域，結果，這些區域中的生物電流很可能被進一步強化。換言之，普拉納的修煉增強了人腦的生物電流，藉此啟動活化了百分之八十至九十沒使用過的腦細胞。

進入普拉納的狀態時，氧氣的消耗量降低，同時肺部吸收氧氣的能力增強，同樣地，全身組織儲存氧氣的能耐被提升上來，肺部的能力也得到強化。結果，普拉納修煉比運動訓練有效許多。長跑健將擁有極大的肺活量，但也消耗大量的氧氣，因此無法在水中待太久。然而，有人可以活著被埋在地下，在棺木中待上六到七天。根據一般人的肺活量與氧氣需求量，很難解釋這個現象；不過，從普拉納的觀點卻可以解釋。在普拉納增強的狀態下，修煉者並不需要許多氧氣。普拉納的修煉不僅增加吸入的效能，而且擴大肺部組織的儲存量，同時減少氧氣的消耗量。

問：是不是有哪一個研究過的原因你還沒有提到？

與艾爾特拉揚共同回答：研究分享說，在修煉的某些階段，有些普拉納修煉者吃得非常少，或是根本不吃，這是因為他們有能力轉化能量，同時充分利用儲存的能量來讓自己活命。有些人甚至不喝水，因為水可以透過肌膚的毛孔吸收。你可能會質疑，一個人怎麼可能沒有進食而活命。其一，普拉納修煉者的胃部與體內的液體包含許多的養分。其二，每一個人都有養分儲存在體內，但多數人並不知道如何轉化和利用這些養分。許多天可能在沒有進食的情況下過去了，然而藉由吸收自我轉化的高能量物質，這人還是可以保持精神奕奕。這不是進食的問題，而是以不同方式吸收養分的問題。這人可以利用體內積累的養分，將養分轉換成胃液或腸液，提供高品質的滋養。

普拉納修煉者不僅透過他們的嘴巴和鼻子吸收養分，還可以利用許多其他的方式吸收用來滋養的能量物質。譬如，水不必只經由嘴巴進入體內；光不必只透過雙眼進入體內。普拉納修煉者從宇宙吸收他人無法取用的高能量物質，以此方法，這人可以長時間少吃或根本不吃，卻仍舊維持高度的能量水平。當高能量物質的吸收得到強化，一個人就可以長時間不進食。因此，普拉納修煉是改善人體消化系統的理想方式。

只有最早期完成的科學研究，記載了普拉納修煉提供驚人可能性的日期。不管怎樣，中國人是這個領域的先驅，他們十年來的研究目前正被翻譯成英文著作，這些對西方科學將是非常具有教育意義的（何況將普拉納應用於降低第三世界國家的健康與飢餓威脅，實在是完美無缺）。

更大的布局

問：你曾說，光是免於攝取實體食物的需求，這個想法並不足以讓這趟旅程上的人們興起動機，還說，冀望參與此事的大眾需要覺知到「更大的布局」。可以解釋這麼說是什麼意思嗎？

答：人類已被賦予了驚人的能力，要去重新發現、體認、經驗並示範內在的神力。我們已經過編程設定，要去示範這股神力並與其合一，時間任由我們選擇——因為在某個層次上，我們的運作就像迷你電腦，執行著跟名為「神」的「宇宙電腦」同樣的軟體。這個神力或神，散發著具有滋養作用的愛與光，祂透過我們的內在太陽中心餵養我們的脈輪，也透過我們的物質界太陽，因此有力量藉由內在和外在的途徑餵養我們的細胞。不過，了不起的並不是看見一個人類擺脫食用實體食物的需求，而是看見一個人類散發完全由自己的臨在餵養的那種光和愛。

問：你為什麼決定在本書中提出因應第三世界挑戰的普拉納課程？當然，這只是提供給救援機構的東西。

答：我相信，將我們的研究散布得愈廣，且將相關性分享給這類挑戰，我們的研究就可以愈快被接受。這麼做的好處不只是為了獲選的少數人，而且藉由廣泛的基層教育，我們可以因應許多層面的挑戰。除了救援機構與聯合國的成員，這也可以啟發他人，利用他們知道的適當管道，分享公布在此的資料。我還相信，當更多人採納這套心智範型，它就可以成為更加強大的全像投射，得以被印記到需要改變場域動力並消弭苦難的地區。

問：在我們檢查如何將普拉納課程應用到第三世界的救援計畫之前，針對這次討論，你有沒有其他東西想要補充？

答：既然我們剛剛探討過些許「太陽滋養」，我認為，艾凡霍夫的這段話，將這個道理總結得最好：

「當我們將注意力集中在太陽——我們的星系中心，這時，我們就更加靠近自己的中心——我們的高我，那顆內在的太陽；我們愈來愈融化到祂裡面。但將注意力集中在太陽上，也意謂著去學習調動我們的一切思維、欲望與能量，將它們投入工作，服務最高的理想。一個人若致力於統合內在不斷威脅要將他扯裂的紛雜力量，並動員這些力量去追求一個發光、有裨益的目標，他就會成為強而有力的焦點，有本領朝四面八方放射。」

「相信我，融會貫通自己低階本性傾向的人，能夠嘉惠人類整體。他變得像太陽一樣光芒四射。他是那麼的自由，以致於當他將深植於內的大量光和愛傾瀉而出時，他的意識可以擁抱全體人類。人世間需要愈多有能耐獻身於與太陽合作的人類，因為只有愛和光有本領蛻變人類。」

第九章

普拉納課程與全球的美好轉化

普拉納課程的成果計畫

問：將普拉納課程提供給第三世界國家，你的意圖是什麼？想要達到什麼成果？

答：這套進食系統在西方經過十二年的實證研究與精煉提純，加上持續聚焦在提供更有效的救援方案給非洲、第三世界等國家，我們希望新增我們的研究，作為一般救援

注：本章內容出自二〇〇五年十一月，在維也納呈獻給在聯合國大廈清醒生活社會的文件。如需更多正向的行星範型，請參見 www.selfempowermentacademy.com.au
潔絲慕音的普拉納課程 PowerPoint 簡報，請參見：
http://www.jasmuheen.com/ezyedit/fileLib/Press/THE-PRANA-PROGRAM.htm

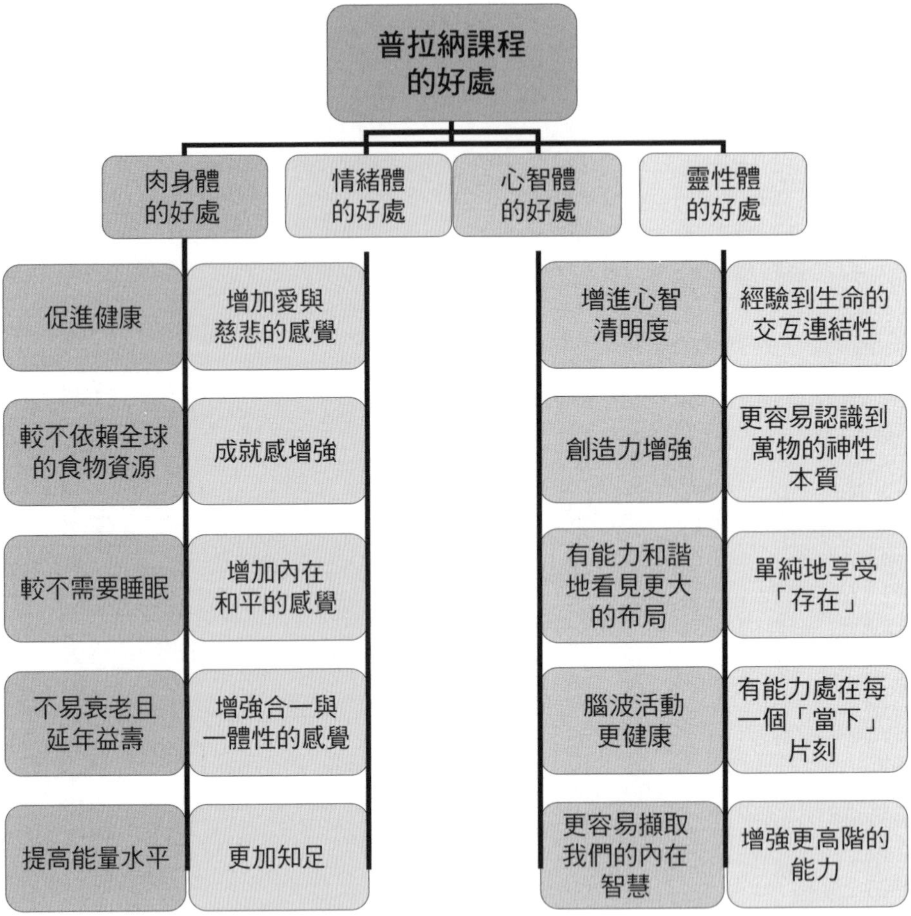
普拉納課程的好處
肉身體的好處
情緒體的好處
心智體的好處
靈性體的好處
促進健康
較不依賴全球的食物資源
較不需要睡眠
不易衰老且延年益壽
提高能量水平
增加愛與慈悲的感覺
成就感增強
增加內在和平的感覺
增強合一與一體性的感覺
更加知足
增進心智清明度
創造力增強
有能力和諧地看見更大的布局
腦波活動更健康
更容易擷取我們的內在智慧
經驗到生命的交互連結性
更容易認識到萬物的神性本質
單純地享受「存在」
有能力處在每一個「當下」片刻
增強更高階的能力

計畫的另一層。利用現代的網際網路科技，加上音效與視覺呈現，我們可以引領人民去理解，同時傳授一套簡單的替代性內部養分計畫，從而減輕設法配送其他資源進入這些地區的壓力。

對於努力求生、目前飽受缺乏適當營養之苦的人們，我們也希望降低死亡率，積極增進健康與幸福水平。基於每兩秒鐘就有一名孩童死於飢餓相關的疾病，將普拉納課程新增至現存的救援方案，實在沒什麼好損失，何況還可以得回一切。

問：你的意圖是用普拉納課程取代所有國家境內的正常食物供應嗎？

答：絕對不是。不過，增強普拉納的流動，以及新增普拉納可以提供另一層滋養的思維模式，對全體人類都是非常有裨益的。譬如，我認識許多人，他們多年來非常健康地活著，沒有服用維他命補充品，而且他們的卡路里攝取量平均每天不到三百卡路里，包括我自己在內。藉由仰賴普拉納提供我們需要的養分，我們對全球食物資源的依賴已在不損及自身健康的情況下大幅下降。舉例來說，在最近英國國家廣播公司的紀錄片中，衣索比亞人民只靠野生甘藍菜葉維生，當他們的糧食配給量用罄時，如果普拉納可以補充人民的膳食，直到救援計畫更有效地到位為止，這就不會是問題。長期而言，成功地建置普拉納課程，將會消滅對許多外來救援計畫的需求。

問：正確地建置普拉納課程，會影響現有救援計畫的運作嗎？

答：絕對會。許多救援計畫提供水和食物以及培育水和食物的方法。當社群的能級校準值改變，且成功因普拉納課程的身體滋養面向而得到啟動活化，我們也就會看見社群的健康得到改善。強調農耕與食品生產的計畫將會徹底改變。

問：這該如何達成？

答：有幾種方法——

- 教育，使大家了解普拉納課程，同時採納新的思維模式。
- 呼吸技巧，奠基於已證實可靠的古代修煉法。
- 使用明確的內部進食機制，磁吸增強的普拉納流動前來滋養並水合身體系統。
- 社群支援，方便直接經驗並支持普拉納課程。
- 負責的媒體報導，據實報導普拉納課程方法的成功與普及。

問：你如何讓普拉納課程在第三世界國家得到教導？

答：這是一個正在開創的領域，我們顯然是敞開心扉，接納提議，建議一開始必須在某座村莊裡試驗，如此才能好好針對模型進行調整，同時完成成功度評估。此外，運用簡單的搖擺與腹部呼吸測試工具，人們可以自我評估旅途中的每一步，不過結果勢必清楚而明確，因為健康增進了，死亡率降低了。

一開始，我們也會好好檢視救援機構的內部訓練，運用聽覺／視覺和簡報，同時針對我們的研究和工具進行個別指導。

這方面的最佳老師，顯然是成功地活出普拉納課程且已證明個人成果的那些人，因為他們在這個領域是沒有疑慮和恐懼的。所以，若要將普拉納課程應用到第三世界國家，有三大領域需要面對：

- 心態與思維模式。
- 社群生活。
- 如何創造並利用替代性的內在和外來普拉納進食機制，包括取用太陽能微食物。

第一部分：心態、思維模式與形形色色的問題

普拉納課程最重要的面向之一是，教育大眾了解人類心靈的力量。這包括已得到證實的正向思考力量，研究顯示，相較於始終負面思考的人，正向思考可以增加一個人百分之二十的壽命。此外，藉由有創造力的觀想、意志和意圖，了解如何使用腦力的更高性能，我們可以提升所有國家與文化的健康與長壽水平。結合掌握心智的力量

與古代的瑜伽修煉，以及現代的西方研究，我們可以重新教育大眾明白普拉納課程的好處。

問：你要如何對大半沒受過教育的第三世界人口描述普拉納？

答：每一個人都有某些信念，因此，我們可能需要找出他們的詞彙來描述普拉納。譬如，對基督徒而言，我們會說普拉納是神力的滋養面向。對許多人來說，這並不是那麼困難，了解有一股吹動我們每一個人氣息的能量動力，它疼愛我們，當我們針對它靜心冥想時，就可以感覺到這份愛，而且明白有一股透過直覺引導我們的力道。

接納了這一切，那麼接納下述這個概念就不是那麼困難：這股無形的力道也可以製造我們需要保持健康和自我再生的所有養分，並將這些養分傳送到我們的細胞內。然後希望我們也可以分享這個概念，認為：這股原力可以滋養我們，不論我們的身體必須吃多或吃少。基於身心靈連結方面的紮實全人教育，我們可以教導如何增加來到自身系統中的宇宙粒子流，讓我們能夠在所有層次上餵養自己。

問：該如何使用普拉納課程，才能使它成為替代性的滋養來源，從而嘉惠未開發的第三世界國家，甚至是嘉惠因營養失衡而受苦的已開發國家？

答：藉用簡單的靜心工具、呼吸技巧與觀想程序，我們可以指導人們如何從內在滋養自己，降低大眾對外來食物的依賴。這讓人民更懂得自立自強，較不依賴世上的食物資源，讓大家不僅在肉體上得到滋養，更在情緒、心智和靈性上得到滋養。

問：在第三世界國家甚或是已開發國家境內，因營養不足而受苦的人民，首先需要取用好的食物，然後是與健康的食物選擇有關的教育，這是想當然耳的吧？

答：全人教育是必要的，才能打破貧困的循環，而好的滋養品將會同時提供讓人實地執行的氣力。這兩者是相輔相成的。重要的是，要解除人民在等待西方世界重新分配和運送資源時可能產生的受害者意識。普拉納課程容許個人採取積極肯定的行動。

問：你在前幾章談到，人們需要擁有特別的能級校準值，才能安全地仰賴只靠普拉納滋養維生。這要如何應用到第三世界國家？

答：在某個層次，這點並不適用，因為事實上，不管怎樣，那裡的人民正坐以待斃，普拉納課程可以挽救缺乏實體食物而即將失去的性命，因此，在第三世界國家應用普拉納課程，我們沒有什麼好失去，甚至還可以得回一切。但在西方，能級校準水平則用來將不必要的身體系統損害降至最低。

問：基於業力學習與重新平衡的關係，靈魂選擇投胎到挨餓與貧困的處境，這種業力的靈性實相，該怎麼辦？

答：在神祕圈中，大家都非常了解，人在每一次具化成形時選擇自己的文化、自己的父母親、自己的種族，以及自己具化成形的地點。許多人相信，有些人進入貧困和受苦的環境，是為了完成業力牽絆以及累世未竟的篇章。且不管這些，許多人都非常清楚在檢視業力遊戲時可能會出現的冷漠，尤其談到印度境內的種姓制度，就更容易揮揮手、無動於衷，不再積極主動，只說：「這是他們的選擇，與我們毫不相干。」

冷漠導致分離，建設性的慈悲團結大家。

撇開這些，業力學習仍舊可以獲得，能量仍舊可以重新平衡，同時生活在符合基本人權的情境裡。身為有所覺知且具有同理心的成人，我們可以團結合作，至少讓願意接納這份基本人權的人有飯可吃、有衣可穿、有屋遮風蔽雨、接受教育。做到這點是文明世界的標誌。

問：太陽能滋養領域的研究，情況如何？

答：前一章詳細討論過，太陽能滋養是取得養分的另一種方式，我們需要利用太陽的能量，直接透過雙眼將太陽能吸收到我們的大腦裡，這樣會刺激主要腺體，同時改變腦波模式。我們還會簡短地分享一套簡單的太陽能滋養計畫。

問：關於人腦的角色以及我們得到普拉納或宇宙粒子餵養的能力，你的研究發現了什麼？

答：這裡有兩個層面要考慮。

一、人體的腦部刺激以及程式重設和使用新軟體（明確的心智命令），讓腦部的電腦得以執行。

二、主要腺體的啟動活化與刺激，可以將基本的腦波活動從貝塔波改變到阿法波再改變到西塔波。

當這些被照顧到時，就可以開始利用五分之四沒被正常使用的腦部，如此，我們才能契入其他的能力層次。舉例來說，下述這項既簡單又能掌握心智力量的能量引導工具，是最近一位朋友送來給我的，朋友稱之為：「**記得如何生產『嗎哪』**（manna，指靈糧、普拉納）：靜靜坐著，脊椎挺直，深呼吸並放鬆。想像你所有的腺體，同時與之連結，包括腦下垂體、松果體、視丘、下視丘、副甲狀腺、甲狀腺、淋巴腺、腎上腺、所有的乙太腺體等等，看見它們發光，例如，看見白光閃出，或是其他影像，只要感覺是透過你的直覺引導即可。如果你不知道體內的腺體和你的能量體到底位在什麼地方，不要緊，只要希望你的神性自我和身體將會引導你，而且信任一切將會依照它應該的樣子開展。然後與你的腺體談談，藉由以下這段話設定意圖：『謝謝你正在製造嗎哪。』想像你的脊椎，將這份意圖置入脊椎，然後送出，透過神經與神經的即時通訊系統來到腦部。不自覺地，你的身體自動產生嗎哪。需要時，就經常重複這個技巧，只要你願意，就多花時間攝取你的嗎哪。」這是另一種可以增加普拉納流動的有趣工具，基礎在於心靈的力量。

問：除了在《普拉納課程》這本書的前幾章討論過的內容，一個人該如何刺激自己的腦部，以求強化自己的高階能力？例如，使用平時不用的五分之四的腦部？

答：最有效的方法之一是，運用有創造力的觀想工具與意念，讓腦部滿溢著紫羅蘭之光。此外，每天對著腦部微笑，刺激甘露與松香烴的產量，這些是腦中主要腺體製造的物質。高階腦部活動的啟動活化，也是經由我們的日常生活型態以及花費時間的方式，這些會影響我們的全體共振場。

問：腦中的這些主要腺體是什麼？位於什麼地方？

答：這些主要腺體是腦下垂體與松果體，它們位於頭部的中央，如左圖所示。

問：一個人該如何刺激自己腦中的這些主要腺體？

答：首先，表現得彷彿這些腺體意識到每一個思維與言辭，同時提供它們明確的行為命令，使這些腺體回復其原始的自然能力，例如，它們最初只製造用來延年益壽的維生荷爾蒙。對多數人而言，隨著時間的流逝，這些腺體開始製造死亡荷爾蒙，以此鏡映每一個人都難逃一死的信念。其次，我們需要刺激這些腺體，讓它們製造更多的甘露與松香煙，這些自然物質可以滲透腦部，改變腦波的活動。這些腺體也可以經由刺激，生產更多的二甲基色胺（DMT）與五－甲氧基二甲基色胺，這些也會改變腦波模式。

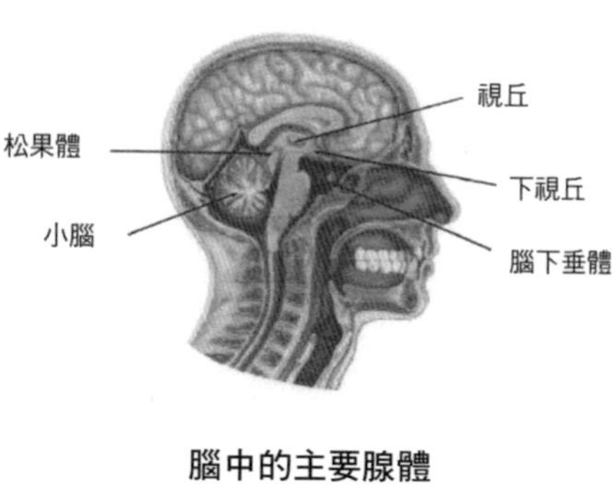

腦中的主要腺體

問：這要如何做到？

答：藉由有創造力的觀想，讓兩個腺體都可以滿溢著紫羅蘭之光，另外：

一、**對腦下垂體來說**，我們可以將舌頭放在口腔頂部，同時每天將舌頭向後移，直到肌肉伸展到舌頭足以觸及小舌後方。這必須抱著如此的心態完成：舌頭的位置正在刺激從口腔頂部直接連結到腦下垂體的能量通道，而且由於這樣的刺激，腦下垂體將會增加甘露的自然產量。

二、**對松果體而言**，我們可以收縮與放鬆女性陰核周圍以及男性陰囊周遭的肌肉。有一條直接的能量通道連接這些區域與松果體，當我們收縮與放鬆這些性中心周圍的肌肉，松果體也會跟著收縮與跳動，同時釋放出更多的松香煙，然後滿溢整個腦子，餵養腦部，於是以不同的方式餵養身體。

問：人們到底需要採納哪一種心態與思維模式，才能成功地經驗到普拉納課程的好處？

答：成功的普拉納滋養，需要如下的態度——

- 「我所有的營養品、所有的維他命、所有的礦物質，我需要用來維持健康身體的一切，都來自普拉納。」這是第一步。
- 接下來，需要的態度是：「我只為愉悅而吃，不為需要而食，因為普拉納提供我需要的一切。」這是另一種新的思維模式。
- 兩道指令均有助於腦部的神經通路重新連線。
- 正向思考可以延年益壽。
- 我們也能以經由意志、意圖、有創造力的觀想，還有透過靜心冥想與日常生活型態，刺激主要腺體，改變腦波模式。

普拉納課程的好處；普拉納與生物系統；普拉納與頭腦；普拉納與閉黑關；普拉納與心；普拉納與細胞；普拉納與場域科學；普拉納與次元交互的生活；準備工作、生理變化與預先編程設定；能級校準、測試與舒服自在的轉換；普拉納與社會場景；普拉納與教養；普拉納與其他家庭成員——和樂的家庭；普拉納與飲食失調；普拉納與性慾；全球課題——禮物與成長——過去、現在與未來；普拉納與健康；普拉納與宗教；普拉納課程與環境；普拉納課程與政治；懷疑派與媒體界；太陽能滋養、辟穀與更大的布局，全都囊括在本書的第二至第八章。

● 某些心態與思維模式需要被了解並採納，才能開始得到普拉納的滋養。
● 一旦了解什麼是普拉納，以及它可以如何餵養我們，我們就需要對它有所期望。
● 思維創造實相，氣隨意走。

靜心冥想改變腦波模式

第二部分：社群生活

問：你怎麼能期待五歲以下甚或是年紀較大一些的小孩，懂得需要對自己的滋養抱持某些心態？小孩當然只了解餓的時候會不舒服，不是嗎？

答：一位記者曾經對我說，每一分鐘都有小孩因飢餓與營養不良而死亡，而且改變我們對食物的營養需求的信念與思維模式是救不了他們的。不過，當我們理解了能量的動力時，我們就了解到，孩子被連結到父母親的能量場，尤其是母親的能量場，直到十八個月到兩歲大為止。然後他們開始分離的過程，有些思想學派認為，這個過程在十四到二十一歲之間完成，因人而異。改變父母親與社區的生活型態與信念，孩子將會跟著改變。因此，在普拉納課程中，我們需要先以實際經驗教育成人，讓成人能夠掌握支援孩子的場域。

我聽過一則精彩的故事，它以實例說明「創造並保有具滋養作用之場域的概念」。幾年前，我在氣功社群中研究辟穀現象，有人告訴我，紐約有一個家庭，父母、子女、金魚甚至是盆栽植物，都不需要食物。顯然，那兩位父母親散發的愛的能量場十分強大，大到場域內的一切人事物都得到普拉納的餵養，不需要實體食物作為營養品。

許多人都發現，持續接觸我們的人們，開始以其他方式得到餵養，最終他們的飢餓自然而然地沉澱下來。

問：你可以分享一些激起這類改變的研究統計資料？

答：根據聯合國兒童基金會（UNICEF）發布的《一九九八年全球兒童狀態報告》（*1998 State of the World's Children*），營養不良造成每年大約七百萬孩童死亡，勝過任何的傳染性疾病、戰爭或天然災害。

五歲以下的孩童，南亞不少於一半，撒哈拉沙漠以南不少於三分之一，還有工業化國家的數百萬孩童，都處在營養不良的狀態。全球死於營養不良相關疾病的孩童，有四分之三都是營養學家所謂的「輕度至中度營養不良」，而且問題並沒有表現出來。有意識地新增普拉納作為額外的營養來源，只會是有所裨益的，尤其當我們考慮到：

- 每天餓死的孩童數目大約為：四萬人。
- 每隔兩秒鐘餓死一名孩童。
- 每年將會餓死的人數：大於六千萬人。
- 餵養一個肉食者所需要的土地面積，可以餵養的純素食人數：二〇人（如果餵養的是純粹的生食素食者，這個數字可能會趨近於一五〇人）。

● 如果美國人降低百分之十的肉類攝取，省下的穀物可以讓六千萬人填飽肚子。
● 可以得到普拉納滋養的人數：無限多人。
● 普拉納滋養與製造所需成本：零美元。

問：你希望如何因應教育這些社群中的成人，並激勵他們採納普拉納思維模式的挑戰？

答：當成人們接觸到世界各地許多個人有能力仰賴普拉納維生的實相時，他們將放下心中的恐懼，同時改變自己的思維模式。這會讓這些人修正所散發能量的頻率與品質，而他們的子女則會做出相應的回應。一切都是相互連結的，奧祕在於，理解心靈的力量勝過我們的分子結構，雖然沒有感覺到內在神性自我力量的人，可能不懂與一切事物相互連結的體驗，但是搭配實用工具的教育必會有所幫助。

保持焦點清晰也很重要。普拉納的滋養解決方案是通向自由的橋樑，只因為它是揭開內在神性自我宏偉力量的一種方法。它的重點不在於吃或不吃，而在於是否需要吃。它討論的是擺脫訴說著「如果不進食，就會死去」的錯誤恐懼，而在遭逢因戰爭或地球改變導致的飢荒時，它更是一種應該擁有的絕佳技巧。這是新思維模式的一部分，需要呈現給以對己有害的方式仰賴外來食物資源的社群。

問：你說：「以對己有害的方式仰賴外來食物資源。」是什麼意思？

答：如果食物資源被送到這些國家，但卻沒有被適度分配——非洲的某些救援案例就是這樣——那麼迫切需要的是，教導當地人不再仰賴他人的表現，如此，教導大眾認識普拉納課程就幫得上忙，因為它提倡自立。

我認識的一位印度上師曾說：「絕不要仰賴自身之外的任何東西。」既然我們已憑藉經驗研究過普拉納的營養面向，那就可以提出這套課程作為援助辦法。提供超越受害者意識的工具和教育，實在是一套非常有裨益的進化課程。

問：你在第七章中提到過，關於普拉納課程將如何對抗世界飢餓課題，可以再多分享一些嗎？尤其是關於資源重新分配的課題？

答：在對抗全球飢餓方面，普拉納滋養的成功仰賴大規模的再教育課程，教導人們自我負責、自我精進，尊重從肉體到靈性體等四大身體。

在西方世界，需要多久時間，「為愉悅而吃、不為需要而食」才能成為每天都可能發生的事，這取決於我們每一個人，而且當愈多人允許自己的內在神性自我供養自己，不需要進食的概念，就會愈快從奇蹟邁進到日常生活然後進入第三世界國家。

其實，如果更多人採納了甜美生活型態計畫八大要點，一定會帶來最戲劇性的改變。當這樣的生活型態被應用在西方世界時，許多人將會自然而然地變得更有心服務，更積極主動地帶著慈悲心處理他人的問題。因此，藉由全民再教育，許多事可以被好好教導，用以改變第三世界國家的處境。當我們發現自己的情緒和心智滋養超越了對物質事物的貪婪，就可以有效地重新分配需要的資源。

問：你強調，全人教育是必要的，所以，對面臨飢餓與營養缺乏挑戰的國家來說，人民到底需要接受什麼樣的教育？

答：首先，因為人人都可以呼吸，而且呼吸是隨意的，不管你住在哪裡，這都是第一項可以教導大眾的工具。「調息」意謂著進行特殊的呼吸鍛練，這可以滿足和滋養所有人體的能量場。

「調息」呼吸鍛練，甚至是氣功，都可以輕而易舉地教給年輕人與老年人，改善他們的健康與活力水平。再搭配編程設定與心智力量技巧，不論環境如何，徹底的蛻變均可達成。大家可以每天使用第三部分的呼吸技巧，感覺前後的差異。

也可以立即教導更多人明白人體生物系統的驚人能耐，包括心靈／身體連結，以及如何有效地重新編程設定，讓自己擺脫限制性的信念。我們需要在心智上理解，普拉納何以是非常可行的另類滋養來源，不但觸手可及，而且是免費供應。

人們因飢餓而死亡，因為他們還沒有學到這種另類的營養來源，或是不懂如何掌握心智，也不知專注於意念可以創造不同的實相。許多人太過忙著努力求生，還沒有發現內在神性的真實力量，以及呼吸技巧如何在所有層次上滋養他們。當我們懂得方法，有能力不靠物質界的食物維生就變得相當簡單，而且這會讓許多人覺得求生遊戲變得比較容易些。

要反覆重申的是：呼吸是隨意的，呼吸技巧可以傳授，以求取得更多的滋養，同時增進健康、延年益壽。思考是隨意的，因此掌握心智的編程設定技巧也可以立即傳授。祈禱的力量與透過歌聲療癒可以傳授，對宇宙法則的基本理解也可以傳授。若要傳遞這一切，只需要用一種容易理解的概念架構，加上簡單的實用工具。

問：你時常談論降低軍武花費，可以多討論一下這點嗎？

答：當然可以，在反恐戰爭之前，世界銀行發布的統計資料顯示，每年的全球軍事預算，只有三分之一可以被重新導入到消滅全球貧窮。我們也知道，戰爭一向是人為飢荒最常見的原因，因為戰爭不僅破壞作物與食物供應，更由於圍攻與封鎖策略的運用，打亂了食物的分配。

我們建議最終全球裁軍，這將會消滅戰爭的問題，何況我們許多人目前正務實地服務奉獻，為全球的文明舉止創造改變。由於普拉納的滋養，我們不需要種植作物，所以旱災導致的飢荒不會是問題。由於普拉納的滋養，我們不需要屠殺動物，甚或是食用「均衡膳食」，而且不會營養不良，因為一旦學會方法，我們身體需要的一切就可以來自普拉納。簡言之，我們的全球軍武花費是因為我們活在恐懼中；而增加普拉納的流動可以消滅恐懼，使我們變得更加慈悲，因此不需要這類毀滅性的武器。

第三部分：實用的替代性內部進食機制和呼吸節奏

問：呼吸節奏是否有技巧？

答：我們知道，普拉納進入體內的一種方式是經由我們的呼吸。事實上，有些人說，不仰賴食物的話，我們可以經由呼吸接收到百分之七十的營養。普拉納是無形的力場，滲透每一顆原子，而且我們可以隨心所欲地製造更多遍及全身的普拉納。專注於呼吸的靜心，可以增加普拉納穿越人體細胞的流動與效力；我們可以練習深呼吸，想像隨著每一次呼吸，讓自己的肺部與細胞填滿一劑包含在無形普拉納之內的強力營養素。

有許多的呼吸技巧可以將更多的普拉納引進體內，這些是所有國家與文化的人民均可隨意利用的。瞇起眼睛時，我們可以看見普拉納在空中閃耀。普拉納是無所不在的，而且如前所述，有些來源認為，人類大部分的營養需求均可藉由呼吸的方法落實。

「調息」涉及控制呼吸，這連帶控制許多身體功能的成效。長時間緩慢呼吸可以減緩心跳，深呼吸可以使人溫暖；氧氣消除疼痛，緩慢的呼吸促進健康、延年益壽。《大英百科全書》寫道：「在印度哲學中，梵文『普拉納』（prana，呼吸）是身體必不可少的『氣』或能量。這是早期印度哲學的中心概念，尤其如《優婆尼沙經》所言，普拉納被奉為生命力的法則，被認為是一個人永久生存或是活到來生的『最後氣息』。」

運用「愛的呼吸靜心」與「古吠陀神聖呼吸」工具，作為磁吸與增加普拉納流動的呼吸技巧。下述兩種技巧增加體內具滋養作用的氣與普拉納的總量，擴大我們的細胞從西塔—德爾塔波場域吸收和放射養分的能力。然後我們再增加調息與基本普拉納呼吸法等額外技巧。

若要餵養並微調我們的生物系統，呼吸是我們擁有最為強大的工具之一，不但免費，而且由我們持續掌控，因此可以利用各種呼吸技巧達成許多目標，從讓我們的生物系統平靜下來和為其減壓，到增強普拉納的流動與促進健康等等。雖然有許多呼吸訓練的技巧，但針對神性養分（普拉納課程），我推薦以上兩種呼吸技巧。

問：呼吸技巧的步驟為何？

答：這個技巧的設計宗旨，是為了將我們調頻至可以吸引不同成分的宇宙粒子，我稱之為「愛的呼吸靜心」。每天早晚至少各練習五到十分鐘，或是一直做到真正感覺到彷彿你的整個存在就是愛，且所作所為均來自這份愛為止。每天早上操練下述三個步驟，只要記得，就練習一遍，大約一個月之後，看看有何感覺……

● 步驟一——想像自己於內在層面上與一道純淨的愛之光連結，這愛從神聖母親的心❶流入你的心輪。

● 步驟二——深深吸入這份愛，同時唸誦「我是愛」。不斷一遍又一遍地誠心唸誦這句真言，知道如此重複唸誦正在開啟你通向愛的所有場域。

● 步驟三——慢慢地呼出這份愛，讓它進入你的身體，一遍又一遍地誠心唸誦「我愛」，同時想像這份愛充滿每一個細胞，然後從你的氣場向外流，流到外在世界。

● 以同樣的方法一遍又一遍地告訴你的身體「我愛你、我愛你、我愛你」，直到身體強烈地感覺到這三個字。

這項練習使我們的細胞敞開，接收純淨的神聖母親之愛，因為這份愛強化我們的神聖之心，使我們更有能力在人世間吸引、保有並放射愛。這也有助於將我們的腦波模式從貝塔—阿法波轉變到西塔—德爾塔波區段。

這絕對是一項「試試看同時體驗有何差異」的工具，它需要某種程度的專注與紀律。如同我們在其他書中分享的，像這樣運用「我是愛，我愛」真言的基本呼吸技巧，也是訓練心智的絕佳工具，可以將印度瑜伽士所說的「猴子」心智訓練成如如不動而專注。許多西方人甚至無法讓心神專注在呼吸上超過一或兩分鐘，往往分心想著工作、購物或其他事情，然而若要享受普拉納課程的全部好處，掌握心智的力量是絕對必要的。西方的頭腦沒有接受過寧靜藝術的訓練，尤其需要這一類型的訓練，以此作為達致內在與外在和平的先決條件。

問：談談關於呼吸的技巧。

答：「古吠陀神聖呼吸」，這個技巧流傳五千多年，可以達成若干事情。首先，真正吹動我們氣息的是我們的內在神性自我，祂在人世間經歷身而為人的體驗，利用我們的肉體、情緒體、心智體達成這個目標。如果沒有祂的能量，我們不可能也不會存在，當我們與祂的呼吸節奏契合時，就會開始瞥見祂的力量。使用這項工具也像是對你的內在神性自我說：「祢在那裡嗎？我真的想要感受到祢。」

● 安靜地坐著好一會兒。
● 用鼻子進行細微而連貫的深呼吸。

注❶：或是一股永不枯竭的源頭，由純淨的愛構成。

● 一旦呼吸形成均勻的節奏，就將覺察力移到呼吸背後的能量，然後單純地觀察並感覺你的呼吸節奏。

● 要記得你現在正聚焦在吹動你氣息的那股內在原力，發現祂的節奏時，你一定會知道，因為你將開始感覺到祂的愛的波動正透過你脈動著。

● 過一會兒，你將不再聚焦在細微而連貫的深呼吸上，反而感覺到彷彿你被呼吸著。

問：可否談談普拉納呼吸法的步驟？

答：**普拉納呼吸法：**般尼克療癒法的創始人蔡國瑞大師說過，普拉納呼吸法藉由下述步驟完成：

● 將舌頭頂住上顎。

● 做腹式呼吸（透過兩個鼻孔，不是嘴巴）。

● 緩緩吸氣，屏息數數。

● 緩緩吐氣，屏息數數，再繼續吐氣，這叫做「清空氣息」。

● 也可以吸氣時數到七，接著屏息數數，然後吐氣時數到七，接著屏息數數，或是吸氣吐氣之時各數到六，接著屏息數到三。

「做腹式呼吸的過程中，吸氣時腹部微脹，吐氣時腹部微縮。不要過度膨脹或過度收縮腹部。」

下文摘錄自蔡國瑞大師的著作《般尼克療癒的奇蹟》（*Miracles through Pranic Healing*）。

「普拉納或氣是使保持身體活躍與健康的生命能量。希臘文叫做『努埃瑪』（*pnuema*），玻里尼西亞語叫做『嗎哪』，希伯來文叫做『魯阿』（*ruah*），意謂著『生命的氣息』……」

「基本上，普拉納有三大來源：太陽普拉納、空氣普拉納、土壤普拉納。太陽普拉納是來自陽光的普拉納，它鼓舞整個身體、促進身體健康，可以經由日光浴或是接觸陽光大約五到十分鐘取得，也可以藉由飲用曾在陽光下曝曬的太陽水取得。過長的曝曬時間或是過多的太陽普拉納會傷害整個肉體，因為太陽普拉納相當強烈。」

「包含在空氣中的普拉納叫做空氣普拉納或是空氣生命力小球。空氣普拉納透過呼吸由肺部吸收，也由原生質體（bioplasmic body）的能量中心直接吸收。這些能量中心叫做脈輪。經由緩慢而有節奏的深呼吸，而非淺短的呼吸，可以吸收到更多的空氣普拉納。經過特定訓練的人，也可以經由皮膚的毛孔吸收空氣普拉納。」

「包含在土地裡的普拉納叫做土壤普拉納或是土壤生命力小球，經由雙腳腳底被吸收，且在自動而無意識的情況下完成。赤腳走路可以增加土壤普拉納被身體吸收的總量。一個人可以有意識地吸入更多的土壤普拉納，以此增加個人的生命力、完成更多工作的能耐、以及更清晰思考的能力。」

「水從接觸到的陽光、空氣、土壤吸收普拉納。植物和樹木從陽光、空氣、水、土壤吸收普拉納。人類和動物從陽光、空氣、土壤、水和食物取得普拉納。新鮮食物包含的普拉納勝過醃製食品。」

問：若要調息，該注意什麼？❷

答：調息訓練要求掌握體位法（瑜伽姿勢），以及因體位法而產生的氣力與紀律。

- 開始調息之前，腸道應該先排空，膀胱應該先清空。
- 較佳的調息應該在空腹的情況下進行。
- 調息結束後半小時，可吃點輕食。
- 清晨太陽升起之前與太陽下山之後，是練習調息的最佳時間。根據《瑜伽之光》（*Yoga Pradipika*）的說法，調息應該要一天練習四次，分別在清晨、正午、傍晚、午夜。

問：勝利調息法（Ujjayi Pranayama）如何進行？

- 舒服自在地坐著。
- 保持背部挺直，坐骨的壓力均等。

- 雙臂朝外，手腕背部靠在兩膝上。
- 雙手食指與拇指指尖相碰觸（這叫做「智慧手印」〔Jnana Mudra〕，是「了知」的象徵。食指代表個人的靈魂，拇指代表宇宙的靈魂。）
- 閤上雙眼，向內看。
- 將氣息完全吐出。
- 透過鼻孔緩慢而穩定地深呼吸。在上顎頂部感覺到空氣進來的通道，並發出「薩」的聲音。這聲音應該是聽得到的。
- 讓肺部充滿空氣，在吸氣的過程中，小心不要讓腹部隆起。
- 整個腹部區，從骨盆壁向上到胸骨，應該被往後拉向脊柱。
- 屏住氣息一或兩秒鐘。
- 緩慢、深沉而穩定地吐氣，直到肺部全空為止。保持腹部繃緊幾秒鐘，慢慢放鬆橫膈膜。吐出的空氣應該要掠過上顎，發出「哈」的聲音。
- 等待片刻，再吸入另一口氣息。
- 花五到十分鐘重複這個循環，全程閉上眼睛。
- 以「攤屍式」（*Savasana*）躺在地板上。

注❷：關於調息請參見http://www.lavecchia.com/pranayama2.html

問：調息的效果為何？

答：這類「調息」能打開肺部，清肺化痰，平撫神經，增強身體系統。不保留氣息且呈現斜躺式體位的勝利調息法，很適合患有高血壓或冠狀動脈疾病的人。務必請教當時幫您看診的內科醫生。

問：介紹一下大衛．沃夫的呼吸技巧。

答：大衛．沃夫（David Wolfe）在他的著作《陽光健康食譜》（*The Sunfood Diet Success System*）中寫道：「首先，呼吸可以控制身體內的能量水平。我們知道，一切事物都是能量——物質只是一種凍結的能量。細胞可用的氧氣愈多，你就有愈多的能量可以達成自己的目標，你所欲求的食物就愈少。許多人飲食過度，因為他們並不是以恰當的方式呼吸。」

「如果你感到飢餓、生病、疲倦或是筋疲力竭，使你迅速恢復精神的好方法是，到戶外做三十次橫膈膜式深呼吸……以我之見，橫膈膜式深呼吸的最佳模式（我從十九歲開始每天這樣呼吸）是以下述一比四比二的比率：

- **吸氣**（透過鼻子），持續數數，鼻子同時過濾吸入的空氣並調節其濕度。鼻內膈膜上方的篩狀板則調節空氣進入肺部的溫度。

● **屏住氣息**，持續數四的倍數。這會完全活化與刺激身體。

● **吐氣**（透過嘴巴），持續數二的倍數。這樣的吐氣會排出毒素。

● 舉例說明這個比率：吸氣六秒鐘，屏住氣息二十四秒鐘，吐氣十二秒鐘。

另外，試試看以下的瑜伽呼吸技巧：

● **吸氣**（透過鼻子），持續數數。

● **屏住氣息**，持續數數。

● **吐氣**（透過嘴巴），持續數數。

● **保持肺部淨空**，持續數數。這會創造出一股真空吸力，在後續的吸氣時，將毒素拉出組織。

● 舉例說明這個比率：吸氣六秒鐘，屏住氣息六秒鐘，吐氣六秒鐘，保持肺部淨空六秒鐘。

「呼吸的力量」在靜心圈內是眾所皆知的，我在《與眾神共振》書中名為〈生命的氣息〉這一章曾寫道：「據說，如果你不想改變什麼——不改變飲食、運動或是思考模式與習慣——那麼，只要改變呼吸模式，就可以大幅延長自己的壽命……如果降低呼吸的次數，讓每分鐘的呼吸次數從譬如說十五次降到五次，我們的壽命將會增長三倍……」

「除了有助於維持並恢復健康與生命力，同時延年益壽，尋求經驗『生命的氣息』（供養我們的能量）的主要好處在於，由於它的本質非常的純淨而完美，當我們接觸並經驗它時，就被賜予了一系列經驗，從深度的內在平安、全然的放鬆、更好的睡眠，到排山倒海的喜悅感，以及涅槃或三摩地的喜樂。」

誠如蔡國瑞大師所言：「我們從呼吸的空氣中取得大部分的氣與生命能量……我們的每一個念頭、每一個出於意志的行為或是肌肉的動作，都使我們不斷耗盡自己的生命能量或是氣。結果，補充是必要的，而透過呼吸與其他有幫助的修煉，這是有可能辦到的。」

心智力量與呼吸節奏

在繼續提出簡單的內部進食靜心機制之前，帶著如下意念使用所有的呼吸技巧相當重要：我們所有的維他命、礦物質和營養素，均是透過以前述方法呼吸所吸收到的普拉納來到我們身上。這樣的心智焦點為這個練習增添更多的力量。

內部進食系統

雖然在我的著作《眾神的食物》與《愛的法則》當中，我們都提出了某些更加複雜的內部進食與水合系統，但我相信，下述這些就足夠讓我們在第三世界國家境內展開普拉納課程。這些靜心與觀想過程相當簡單，一旦與心靈力量、意志與意圖一起使用，加上了解普拉納的屬性（這些也需要傳授），將會是非常有效的。

問：該如何運用呼吸節奏進行普拉納系統的沖刷與水合？

答：這項工具運用有創造力的觀想、編程設定與呼吸來滋養與水合身體，專門提供給很想知道如何利用比較形而上的方法來滋養並

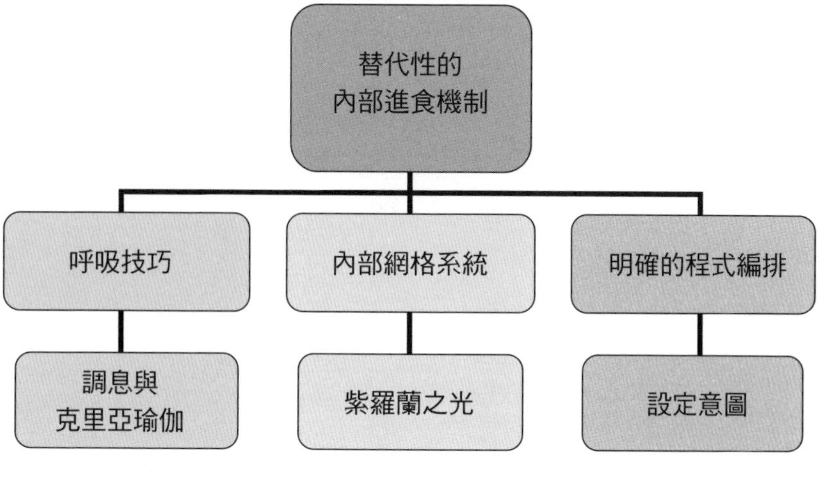

水合自身系統的人。

- 舒服自在地坐著或躺下，讓自己歸於中心，開始愛的呼吸靜心。
- 從位於心中永不枯竭的神聖之愛源泉深深吸氣，同時反覆唸誦「我是愛」，然後吐氣並反覆唸誦「我愛」。這是你的宇宙粒子開門裝置，使你自動接觸到所有場域中全部的愛，而真實滋養便由此而生。
- 一遍又一遍地告訴身體：「我愛你，我愛你，我愛你。」這會讓細胞的接受層次準備好，足以吸收與接受更多的愛和宇宙粒子，同時擴大細胞保有愛和宇宙粒子的能耐。
- 接著觀想，你的雙腳停在水中，這水美麗而涼爽，汩汩瀰漫著高能量的氣，閃耀著純淨滋養能量的金紫色澤。想像這是大地之母賜給你的魔法池。
- 接下來，將你的注意力向上移至頂輪，想像位於這個脈輪中的所有千瓣蓮花綻放了，千道紫羅蘭之光從每一片花瓣放射出來，呈三百六十度向外搜尋，以此連結並磁吸你所需要的純淨氣能量構成的所有宇宙粒子。
- 想像這些光現在將它們自己安住在浩瀚、具滋養作用的涼爽宇宙藍海之中——這片海洋是純淨的氣，具水合與滋養的作用。
- 建立起一種呼吸節奏，讓每一次吸氣與每一次吐氣相連，進行深入、細微而連貫的循環式呼吸。

● 深深吸氣時，想像經由雙腳腳底吸入你的身體需要的所有具滋養與水合作用的液體，從這池藍海中汲取，導引液體向上，穿過雙腳，穿過腳踝，穿過小腿，穿過骨頭，穿過肌肉組織和血脈與淋巴系統，將這股酷涼的液體從雙腿導引向上，穿過腎臟和軀幹，繼續穿越，來到頭頂。

● 你的注意力跟隨著呼吸，將注意力向上導引，穿過身體，想像你的整個系統滿溢著充滿能量之氣的涼水，這水來自大地之母的心。

● 然後當你吐氣時，想像自己溫和地將氣息往下壓，想像你正透過錨定在頂輪內蓮花中的光，汲取所有的宇宙之水。

● 想像你正在傳送這股宇宙液體，導引它向下，穿過你的系統。

● 想像它流經你的腦部，運用這股神奇宇宙粒子的紫羅蘭之光與藍光液體，水合並滋養腦部。

● 想像將液體向下傳，經過喉嚨，進入肺部，充滿肺部，接著讓具滋養作用的液體充滿你的心，它來自純淨的宇宙粒子構成的宇宙之海。

● 然後想像它隨著你的吐氣溫和地向下推，進入腎臟與腸道，穿過性器官，然後下達雙腿，進入雙腳，將這些宇宙的液態光流送回到那片水池之中。

● 想像在吸氣與吐氣時，你其實是在沖刷自己的整個系統，吸氣時，從腳邊的水池將大地的水元素帶進體內，吐氣時，開始沖刷你的系統，因為來自宇宙氣海的宇宙粒子，此刻正經由你的頂輪流入，向下流進你的系統，宛如一次體內淋浴。

- 想像你深吸一口氣，從腳邊的水池汲取更多如此具水合作用的完美液體，吐氣時，再次導引液體向下，或是透過頂輪從宇宙之海向內行，完美地水合並滋養你。
- 不斷重複這個呼吸節奏，在腦海中保有這個視覺形象，想像宇宙之水與池中之水相結合。
- 想像這些水流隨著你的吸氣與呼氣流經你的身體，使身體完全如其所需地重獲能量、得到滋養、重新水合。
- 重複這麼做，直至你直覺地感受到身體飽和了為止——不過最少要持續五分鐘。

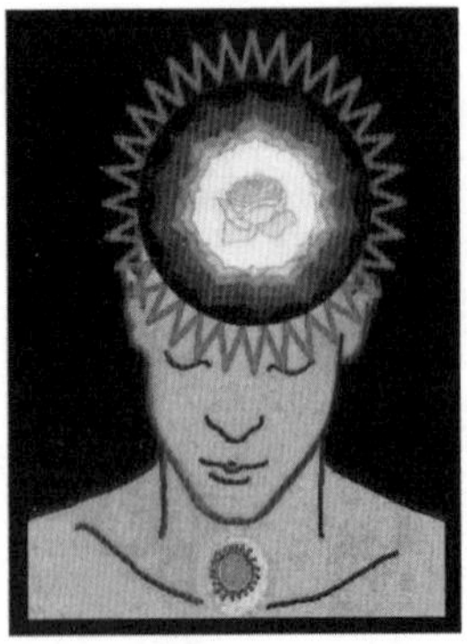

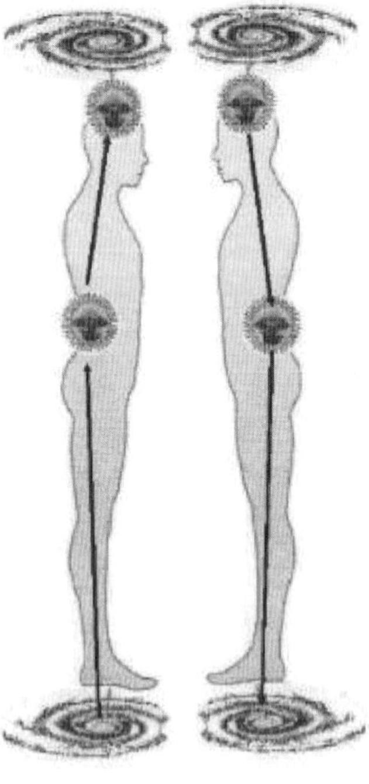

滋養與水合身體

其他的內在層面進食編碼與靜心

下述簡單的靜心與程式設定編碼有助於從內在層面餵養身體，它是《眾神的食物》一書中提到的旋轉脈輪光柱靜心的變形與進階，包括運用七大元素進行程式編排。這個技巧成功與否，完全仰賴你的身心連結，以及相信你是這個載體的「主人」，還有「氣隨意走」，加上身體有能力完成它得到指示要去完成的任何事情。

附注：這是一套進食機制——要在用餐前進行，「切勿」在用餐後。此外，我發現，開始前先喝一杯水，可以幫助身體處理即將接收到的電磁提升。

- 以舒服自在的姿勢躺著或坐著。
- 利用「愛的呼吸」工具與「身體之愛」工具，讓身體更容易與我們合作。
- 當你建立了美好的呼吸節奏時，如果覺得肚子咕嚕咕嚕叫，就詢問身體是不是餓了。如果得到「是」的答案，請採取下一步。如果得到「否」的答案，那就詢問身體，為什麼咕嚕咕嚕叫，「是不是因為能量阻塞？」如果得到「是」的答案，而你仍舊從實體食物攝取營養，這時，你可能希望藉由下述的宇宙粒子程式，將正常的進食方法代換成一天只吃一餐。

●如果得到「是」的答案，那就指示：「我身體的細胞啊，我身體的分子啊，我指示你們，現在從宇宙粒子汲取你需要用來餵養並水合你的一切！」

●接著繼續以命令下達指示，帶著意圖發言，彷彿你是主人，身體必須聽從你。

●命令：「身體現在從『宇宙火』元素餵養你的自我，身體現在從『虛空』元素餵養，身體現在從『星光體』元素餵養，身體現在從宇宙粒子餵養。身體現在從風、地、火、水等元素取食。身體攝取你所需要的一切——使你得到完美滋養與水合的維他命與礦物質，現在就從宇宙諸元素攝取所有這一切！」

●繼續唸誦：「我現在得到宇宙火的餵養！我現在得到虛空的餵養！我現在得到星光體的餵養！我現在得到風元素的餵養！我現在得到火元素的餵養！我現在得到地元素的餵養！我現在得到水元素的餵養！」

●接著想像，來自細胞內的所有絲狀體正在跳舞並恢復元氣，因為紫羅蘭之光現在從諸元素中吸引到這一切，且帶著這一切回到你的系統中餵養你的系統。

●想像這一切現在滋養並水合著你的光體、你的經絡、你的骨骼、你的骨髓、你的血脈、你的器官、你的肌肉、你的神經系統、你的淋巴與內分泌系統，以及你的皮膚。

上述靜心可以結合《眾神的食物》一書中討論過的其他內在層面進食工具，尤其是我個人成功使用過的旋轉脈輪光柱與透過原子系統進食。

問：其他可用的思維模式程式可能有哪些？

答：「我所有的營養、所有的食物、所有的流質，現在均從紫羅蘭光和宇宙之洋來到我面前！」

「我所有的營養、所有的維他命、所有的食物、所有的流質，現在均從宇宙粒子經由內在層面來到我面前！」

發揮直覺，找到屬於你的真言，不過要記住，你說的話一定要有感覺相隨，要知道，氣隨意走，氣有力量創造並供養一切生命。再次這麼做，因為只要得到指引，就詢問你的身體是否還餓，或者是否快樂而飽足。你應該會感覺到肚子裡有某種轉變，那些顫動應該減少了。當一個人停止規律進食，以及將食物攝取減至最少，大約需要三天才能讓腹部變小。

宇宙粒子——進食與水合概要

以下頁的視覺圖像為例，從宇宙原力汲取能量，要用到意志、意圖、觀想。

- 吸氣時，從腳邊的假想池汲取涼爽、可以進行水合反應的普拉納。
- 透過身體導引它向上，沖刷腎臟，上達頂輪。
- 然後……呼氣時，從宇宙之洋導引宇宙粒子向下，穿越頂輪。

● 透過身體向下傳送。
● 穿過腎臟。
● 下達雙腿。
● 從雙足的脈輪穿出。
● 進入腳邊的內在層面水池。
● 吸氣並再次導引能量向上。
● 然後吐氣。

從宇宙原力汲取能量

- 將具滋養作用的能量向下傳送。
- 始終想像著宇宙粒子的能量。
- 完美地滋養並水合身體。
- 每天早晨重複呼吸節奏至少五分鐘。

第四部分：太陽進食計畫

問：太陽能滋養的簡易說明？

答：太陽能滋養是一種古老的修煉法，透過雙眼和肌膚的毛孔，從太陽吸收微食物，以此餵養我們的頭腦和身體。

問：誰是HRM？什麼是微食物？

答：HRM是希拉・拉坦・馬內克（Hira Ratan Manek），他是太陽能滋養領域的主要倡導人兼研究者。他在二〇〇二年與我會談時說道：「我有能力復興一套古老的太陽凝視修煉法，又名『拜日式』（SURYANAMASKAR），或是當前的HRM現象。

事實上，整個人類一開始是仰賴太陽食物（微食物）的，然後慢慢地，我們轉變成仰賴次級食物來源（植物）。但在人類的整個歷史中，許多人曾以太陽能量維生，許多人現在也以太陽能量維生，而且持續的時間比我長許多，我之所以獨特，只因為我自願在醫藥科學之前接受全天候的監視與觀察。我沒有資格聲稱我找到了如何以太陽能量維生的方法，因為方法已經在那裡，但它一直被遺忘，我只是在科學面前復興它並證明它。」

問：馬內克完成的測試有哪些？

答：一支二十一位醫生組成的國際團隊在亞美達巴德（Ahmedabad）監視馬內克四百一十一天，當時他只喝水，有自願者全天候監視。雖然太陽能量足夠供應馬內克的能量需求，不過現在為了消除家人和醫師們的疑慮，他喝咖啡、茶或脫脂牛奶。

亞美達巴德的發現令人振奮，這之後，馬內克應邀到美國費城的湯瑪士傑佛遜大學與賓州大學。他們想要觀察並檢查馬內克的視網膜、松果體和腦部。最初步的結果包括：馬克內腦中的灰細胞正在再生。他們拍攝了七百張照片，報告顯示，神經元是活躍的，並非處於瀕死狀態。一般在五十五歲以後即處於收縮狀態的松果體並沒有收縮，而且松果體的最大平均尺寸大約是六乘六釐米，但測得馬內克的松果體卻是八乘十一釐米。

問：利用太陽作為替代性的營養時，馬內克推薦哪一類型的計畫？

答：根據馬內克所提供的研究，我們開始利用這套太陽凝視法，在日出與日落時練習幾分鐘，在九個月期間，慢慢增加曝曬太陽的時間。

馬內克說：

「六個月後，我們開始食用微食物的原型——太陽……我們消耗著這個『原始』形式（太陽），飢餓平息下來，然後消失。到第八個月，你可以看見飢餓幾乎不見了。對於遲鈍、虛弱或沒有信仰的學生來說，需要九個月或四十四分鐘等級（編註：凝視太陽的最長時間）。最大限度就是九個月或四十四分鐘等級，你的飢餓會永遠消失。與飢餓相關聯的一切機制——例如香氣、渴望、陣發飢餓感——消

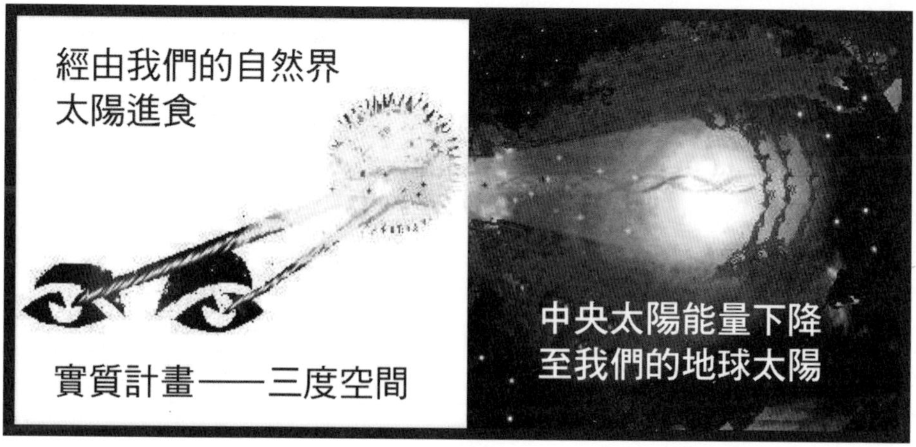

由太陽進食

失不見；沒有食慾；能量保持在較高的水平。有過這類經驗的人評斷說，腦部因太陽能量而充分啟動活化。我們變成了太陽能板。」

第九個月時，他說：

「現在我們必須放棄太陽凝視。基於保護眼睛之故，太陽能科學禁止在九個月後或是到達四十四分鐘等級之後繼續凝視。一旦停止凝視太陽，身體會開始釋放電力，因此，我們必須再次充電。電力只會持續六天。這時，我們必須開始每天赤腳在光禿禿的大地上步行四十五分鐘。只要輕鬆地走，不需要腳步輕快、慢跑或快跑。只要大地溫暖，陽光落在你身上，只要你方便，當天的任何時間都行。」

「赤腳走路時，腦部中央一個名叫松果體或第三眼的重要腺體就被啟動活化了。大腳趾代表這個腺體。二十五年前，松果體被認為是無用的腺體；如今它成了研究領域的重要腺體，最近發表的相關論文約有一萬八千篇。松果體向來被譽為靈魂的『居所』，內含視神經末稍。」

「其他四根腳趾也代表各個腺體——腦下垂體、下視丘、視丘、杏仁核。杏仁核最近這兩年在醫學研究上愈來愈受重視，它是太陽能量或宇宙能量的核心，在陽光經由眼睛到達腦部的過程中，杏仁核扮演著光能合成的重要角色。當你赤腳走路時，體重透過五根腳趾頭刺激這五個腺體，這樣的刺激更因大地熱度／能量以及落在頭部或頂輪的太陽普拉納而增強。脈輪並不在脊椎裡，那是個假想的位置；它們絕對是在腦子裡。所有這一切創造出一個磁力場，身體／腦部因進入你體內的太陽能量而重新充電。」

「放鬆，持續一年每天走四十五分鐘，你就可以繼續與食物絕緣。經過一年的再充電，如果你滿意自己的進度，就可以放棄赤腳走路，然後三、四天一次，讓太陽能量落在你身上幾分鐘就夠了。但如果你想要免疫系統得到強化，那就繼續赤腳走路。此外，如果你希望記憶力或智力增強，請繼續這樣的走路修煉。當你增加雙腳上的太陽熱度，腦部將會愈來愈活化，松果體將會變得更加活躍。」

簡單的太陽能滋養計畫（潔絲慕音修改版）：

- 開始直接凝視太陽——黎明與黃昏時，每次持續幾分鐘，期待普拉納提供你足以維持健康的一切營養素。
- 九個月期間，逐步增加太陽曝曬時間，直至來到四十四分鐘的最大太陽凝視時間為止，然後停止每天凝視太陽。
- 每天赤足步行四十五分鐘，持續一年——吸收土壤與空氣普拉納，同時刺激足部的穴位，以此改變腦波模式。
- 然後每三到四天做一次太陽凝視。
- 過著善良正直的生活。

馬內克推薦這些書給好奇的讀者：賈寇柏・賴勃曼（Jacob Lieberman）的《光：未來的醫學》（*Light: Medicine of the Future*）；理查德・哈代（Richard Hobday）的《陽光的療癒力》（*The Healing Sun: Sunlight and Health in the 21st Century*）。我建議，可能的話，不妨赤足倒著走，最好在海灘上或是開闊的環境中。

關於普拉納、辟穀與療癒的其他研究

問：你說氣功社群做過許多進入辟穀狀態的研究，可以提供更多這方面的資料嗎？

與艾爾特拉揚一起回答：可以，在核物理學家陸祖蔭的著作《氣功探索》中，他進一步分享辟穀的狀態，以及針對沒進食長達六年的人們所做的實驗。「辟穀是一種狀態，在此，一個人沒有攝取任何食物卻維持著正常的生活。標準的辟穀意謂著少許水或不攝取水；基本的辟穀意謂著只飲用水和果汁；非標準的辟穀意謂著攝取水、果汁、偶爾包括水果和蔬菜湯。」

問：有任何文獻記載的辟穀研究案例嗎？

與艾爾特拉揚一起回答：有的，一名住在紐約的中國女孩，從一九八七年十月二十一日開始，就一直處在「辟穀」的狀態，當時她十歲，參加了某位普拉納大師的普拉納發射演講會。在她開始辟穀十個月後，中國軍事醫學科學院安排了八位醫學專家對她進行長達一個月的調查，他們得到的結論是，儘管她攝取的卡路里與養分極其不足，但卻維持著正常的生活與成長，而且體內生理狀況穩定。負荷輕的工作者，一般每天需要兩千兩百大卡熱量，但她的日常養分消耗只有每天兩百至三百大卡，而且推算的結果顯示，根據她的日常活動，她每天至少需要一千五百大卡。這些事實大大地挑戰了現代生理學。

一九九八年，一位名叫史蒂芬．詹內茲科（Stephen Janetzko）的記者給了我一份應該是在一九七六年十一月由德國《祕傳雜誌》（*Esotera Magazine*）發表的文章，內含一篇名為〈他們變成了具有人性的植物〉（*Sei wurden zu menschlichen Pflanzen*）的深度報導，撰文者似乎是馮．艾爾伯特．巴特爾（Von Dr. Albert A. Bartel.）博士。

這篇文章聚焦在卡爾．葛拉寧格（Karl Graninger）醫師的工作，同時報導了來自德國弗拉斯多夫（Frasdorf）的瑪麗亞．福特納（Maria Furtner），她五十二年來只靠飲用住家附近的礦泉水過活。瑪麗亞在慕尼黑大學醫院接受了三週的觀察，以此證明她不需要進食。出院時，她在三天內走了六十公里路回家，沒有任何問題。

然後是修女德蕾絲．紐曼，我的第一本著作中談過她。她住在科納斯羅伊特（Konnersreuth）境內的巴伐利亞森林，十七年來，她每天唯一的食物是一片神聖的威化餅。X光顯示，她的腸子像鉛筆一樣細。

然後是安娜．納西（Anna Nassi），她是巴伐利亞境內多滕霍芬（Deutenhofen）一位農夫的小孩。她的老師告訴那篇文章的研究人員說，安娜持續六年只靠喝水維生。

歐洲在第一次世界大戰後，奧地利籍的專科醫師卡爾．葛拉寧格注意到，雖然人們變成了戰俘，但並不是從戰俘營回來的每一個人都不健康。對某些人來說，斷食、新鮮空氣、少許飲食、不抽菸，對身體是非常有益的。

被監禁之後，有些人挨餓且病得相當嚴重，有些人卻比較健康，這樣的概念令他著迷。結果，葛拉寧格醫師從一九二〇年到一九四〇年去世前，主持了「不食而活」（inedia paradoxa）現象的研究。他在西歐發現了二十三個案例，他的測試對象多半是被觀察到長期和短期沒有進食卻能活命的女性與小孩。**他們發現，所有的研究對象都具有耐性、忠誠與敬神的性格特徵。**

問：可否做個總結？

答：我在這一部分分享了上述研究，目的在顯示：

- 人們可以靠最少的卡路里攝取量健康地存活，如同處在辟穀的狀態。
- 處在戰火蹂躪區的人們，不論環境如何，還是可以找到內在資源來維生，不過信心與信任是教不來的，因為這些是經由生活的磨練，自然而然地出現在我們身上。

雖然我們目前並沒有可靠的追蹤記錄，可以證明如何將普拉納課程應用到第三世界國家，但我個人相信，我們可以結合下述事項達致成功：

- 包括普拉納呼吸法在內的呼吸工具。
- 太陽能滋養——在可行的地方。
- 生活型態工具。
- 掌握心智的力量與心智力量的再教育。
- 明確的內部進食機制，可以取用替代性的內部營養能量。

毫無疑問地，在實際應用的過程中，這套課程可能需要精進改良，但成功的基礎就在這裡。

第五部分：資源永續性與統計資料

普拉納課程對資源永續性以及改善環境污染的影響是不容忽視的，這些統計資料讓人看見肉食餐與素食餐之間的差異。目前顯然還沒有統計資料足以說明，只靠普拉納滋養會造成什麼樣的衝擊，但這類資料未來必定非常有幫助。至於第三世界國家境內的健康與飢餓挑戰，研究顯示，今天我們擁有足夠的資源可以輕易地餵養地球上的每一個人——我們只是需要更有效力的分配系統。不過再過幾十年，即使具備有效力的資源分配系統，我們也不會有足夠的資源，除非邁入全球素食。

問：關於土地過度開發的情況為何？

答：主要是——

● 許多偉大文明衰亡的歷史原因是表土枯竭。

● 目前為止，美國原始表土喪失百分之七十五。

● 美國因牲口飼養而直接造成的表土喪失百分之八十五。

根據哈維．戴蒙的說法，素食的生活型態每年將會拯救七億噸的表土，於是「一億兩千萬英畝的土地，精選的土地，可供人們更審慎地使用」。

問：關於濫伐樹木的狀況為何？

答：主要是——

● 為了創造農田，以生產肉食為主的膳食，美國已被清除的森林總數為兩億六千萬英畝（一百零五萬平方公里）。

● 美國平均每八秒鐘消失一英畝（四千零四十七平方公尺）的樹木。

●每一個個人均切換成純素食，每年可省下一英畝（四千零四十七平方公尺）的樹木總量。

●完全仰賴普拉納滋養而需要清除的樹木英畝總數為零。

問：關於雨林的狀況為何？

答：主要是——

●摧毀熱帶雨林的背後驅動力是美國人的肉食習性。

●由於熱帶雨林和相關棲息地遭摧毀，導致目前的物種滅絕速率為每年一千個物種。

「世上的熱帶雨林大概是地球最珍貴的資源，為這顆星球上四分之三的生物提供庇護所。這片環繞赤道的青蔥森林帶經常被稱作地球的肺。」

問：關於水的狀況為何？

答：主要是——

●美國境內畜牧生產產業用掉一半以上的水（包括各種用途）。

●生產一磅（零點四五公斤）小麥所需要的水為二十五加侖（九十五公升）。

●生產一磅肉類所需要的水是兩千五百加侖（九千四百六十五公升）。
●生產普拉納所需要的水為零加侖。
●如果肉品產業的用水沒有得到美國納稅人的資助，漢堡肉的普遍成本為每磅三十五美元（每公斤七十七美元）。
●目前生產一磅小麥蛋白質所需要的成本為一點五美元。
●目前生產一磅牛排蛋白質所需要的成本為十五點四美元。
●如果美國納稅人停止資助肉品產業的用水，生產一磅牛排蛋白質所需要的成本為八十九美元（哈維．戴蒙說，成本是一磅三十五美元，而且「單是加州，資助肉品產業的成本每年就要兩百四十億美元！」）
●目前生產普拉納蛋白質所需要的成本為零美元。

問：關於石油與能源的狀況為何？

答：主要是——
●如果所有人類均以肉食為主，全球石油儲量能夠持續的時間（以目前的技術計算）為十三年。
●如果所有人類都吃素，全球石油儲量能夠持續的時間（以目前的技術計算）為兩百六十年。

- 為了生產當前以肉食為主的膳食，美國境內目前基於各種用途而消耗的原料百分比為百分之三十三。
- 為了生產純粹的素食餐，美國境內基於各種用途需求而消耗的原料百分比為百分之二。
- 為了生產純淨的普拉納膳食，所需要的原料百分比為百分之零。

問：關於污水系統的狀況為何？

答：主要是——

- 全美人口製造的糞便為每秒鐘一萬兩千磅（五千四百四十三公斤）。
- 美國牲口製造的糞便為每秒鐘二十五萬磅（十一萬三千四百公斤）。
- 美國圈養牲口作業每年製造且沒有回收再利用的廢棄物總量為十億噸（九千零七十億公斤）。
- 飼養場廢棄物的相關濃度，比上未經處理的生活污水，為十比上好幾百倍更高濃度的污水。
- 一般飼養場廢棄物的最終站為人類的水源。

由上述統計資料，誰都可以看出，長期而言，只靠普拉納維生，將會對我們的星球造成徹底而正向的衝擊。不需要污水系統，再也不屠殺動物，不需要這類消除廢棄物的系統，不需要大量的石油儲量，不需要濫伐森林……不勝枚舉。

第六部分：資源重新分配與救援計畫

- 全面而和諧地運作。
- 結合情緒、心智、靈性與肉體方面的資源。

達賴喇嘛最近在一場談論人權與和平的演講中說道：

「我相信，平等的基本原則坐落在人權概念的核心，如果我們認真看待自己對這些原則做出的承諾，那麼今天的經濟不等就再也不容忽視。光是聲明全體人類必須享受平等的尊嚴是不夠的，這個概念必須化為行動。我們有責任找到達成更加平等分配全球資源的方法。」

「我們正在見證一場巨大的全民運動，為的是提升全世界的基本人權與民主自由。這場運動必須成為更加強大的道德力量，如此，就連最具阻礙力的政府與軍隊也無法壓制它。」

「國家、民族與個人要求尊重其人權與自由，同時努力爭取終結壓抑、種族歧視、經濟剝削、軍事占領，以及各種形式的殖民主義與外來統治，這是自然而公正的。政府應該主動支援這類要求，而非只是空口說白話。」

達賴喇嘛繼續說：

「進入二十世紀末之際，我們發現，世界逐漸變成一個共同體，我們被迫因嚴重的問題團聚在一起，包括人口過剩、天然資源日漸減少、威脅這顆星球上人類生存根基的環境危機。基本人權、環境保護、更大的社會與經濟均等與和平，現在全都是相互關聯的。如果要迎接這個時代的挑戰，人類未來必須發展出更大的宇宙責任感。」

「我們每一個人一定要學會，不只要為自己、自己的家人或自己的國家工作，也要為全人類的利益而努力。宇宙的責任是人類存活的關鍵，也是基本人權與世界和平的最佳保證。」

問：資源是否該重新導向？

答：許多人曾經相當關心——不斷增長的人口可能對地球的未來造成什麼樣的效應，然而我們實在沒什麼理由好擔心，只要我們學會如何有效地重新分配地球上的資源，同時為自己的生活型態負起個人的責任，在整體的層次上運作。如果我們這麼做，那麼人口過剩應該不會是主要憂心的因素，因為我們的資源消耗將會減至最少——尤其當我們全都採用普拉納課程時。

我們許多人聚焦在創造正向的個人與行星進程，不只為我們自己，也為我們的子孫以及我們可以活在和諧與統一之中的概念，因為健康的人尊重彼此、榮耀對方，這並不只是空想。然而為了讓社會上有健康、快樂、具生產力的成人，我們就需要有健康、快樂、具生產力的兒童。

問：你建議我們如何達到這個目標？

答：這個目標要以三種方法達成——家庭教育、學校教育、生命教育。由此看來，我們亟需將資源重新導入更加整體性的教育課程，提供人們自我成就、慈悲與自立——所需要的心智、情緒甚至是靈性食糧，以及提倡慈悲、道德、尊重所有生命的教育，好讓資源可以被更公平地分享。

附注：地球上的混亂，並不是源自於缺乏物資、服務或是諸如此類的分配不均。人類的混亂來自於缺乏共同的目的，無法統合今日普遍瀰漫的所有文化與社會差異。我們在地球層次上見證到的混亂純粹來自於：

- 種族與文化之間缺乏尊重與容忍。
- 缺乏個人與全球層次的心智清明。
- 缺乏「我們是共享一顆星球的同一民族」的願景。

● 個人的存在缺乏目的與驅動力。
● 沒有覺知到——為什麼我們真的在這裡，以及身為一個物種，我們可以達成什麼目標。
● 不知我們的存在的更高本質，以及支配創造力的宇宙法則。
● 在《光之大使》這本著作中，我們檢視了：人類的資源因素、新千禧世紀的教育、什一稅的徵收與救援組織、解除禁令的好處、全球裁軍的好處、第三世界債務豁免，以及為社會福利計畫募集資金。

所以，我們不會在此重述這一切，我想要專注的焦點是，不依賴政府，每一個個人可以立即採取的行動。

問：所以，關於將資源的使用減至最低，你對個人有什麼建議？在這方面，普拉納課程如何有所幫助？

答：當我們將更多的普拉納脈流用於在肉體上、情緒上、心智上與靈性上滋養自己，就會自然而然地發現自己消耗較少的資源。西方文明消耗許多的資源，以此滿足情緒體與心智體的深度飢渴，許多人發現，物質主義並沒有帶來真實的滿足，但我們繼續企圖讓這些飢渴得到滿足。

靈修者和瑜伽士早就了悟到，滿足人類所有飢渴的唯一真實滋養來源出自內在，當這事發生時，我們的生活與消費被簡化了，因為人人擁有不一樣的驅動力。普拉納課程與其生活型態可以滿足我們最深層的飢渴，從而使我們脫離狂暴的消費主義，得以生活在和諧與尊重資源和他人需求的更大領域中。

降低對全球資源的依賴＝促進全體的更大自由

普拉納課程總結

- 增強內部的普拉納流動以及從我們的本體放射的外來普拉納，同時降低我們對世間資源的依賴，因為我們變得更健康、需求更少。
- 經由思維模式的改變、意志與意圖，以及運用替代性的內部進食機制，完成這個目標。
- 提倡讓每一個人都可以從免費而不帶偏見的替代性來源，得到深層滋養的全人教育課程。

成果：地球上最小化的健康與飢餓挑戰。

問：你想要發表最後的聲明嗎？為在這本書之中的近十年研究做個總結？

答：運用場域的科學去改變生活，讓全體變得更榮耀、更和諧，這對我來說是基本常識，因為它只是更有意識且更有效力地利用我們的天賦能力。我們現在已經熱切而長期地親身接觸到生命的微食物，也已經開始了解它的許多面向。我們見識到，它可以為我們的進化提供什麼，以及微食物滋養可以如何徹底地改善人類生存的品質。若要忽略微食物，若要既不尊重也不支援研究微食物，同時使我們得與全球分享其禮物的那些人，這勢必大大減少進化之路的愉悅與效力。普拉納課程是人世間一項強大的和平、療癒與進食工具，它的好處注定要成為傳奇。

如需更多正向的行星範型，請連結宇宙網際網路學院（Cosmic Internet Academy, C.I.A.）❶

全球意識重新校準，共同創造健康與和諧

一九九五年霍金斯的著作《心靈能量》首度出版時，他的研究分享說，能級校準超過五〇〇的全球人口只有百分之四，而在二〇〇四年，這個數值是百分之六。

注❶：請參見網址 www.selfempowermentacademy.com.au

● 能級校準在智慧三〇〇的人，放射的神性自我力量足以在能量上影響（甚至因這人的在場而餵養）九萬人。
● 能級校準在七〇〇的人，可以抵消七億人的能量，亦即可以餵養七億人。
● 國家必須先將自己的能級校準轉換到五〇〇，然後帶著這個愛與智慧的基礎頻率，才能在全球事務上發揮影響力。

全球顧問職位要求的國家級「意識能級校準值」：總統需要五四〇以上；政治家或政治顧問需要五〇〇以上；個別的國家能級校準值必須在三〇〇以上才能提供援助，五〇〇以上才能提供建言。如果無

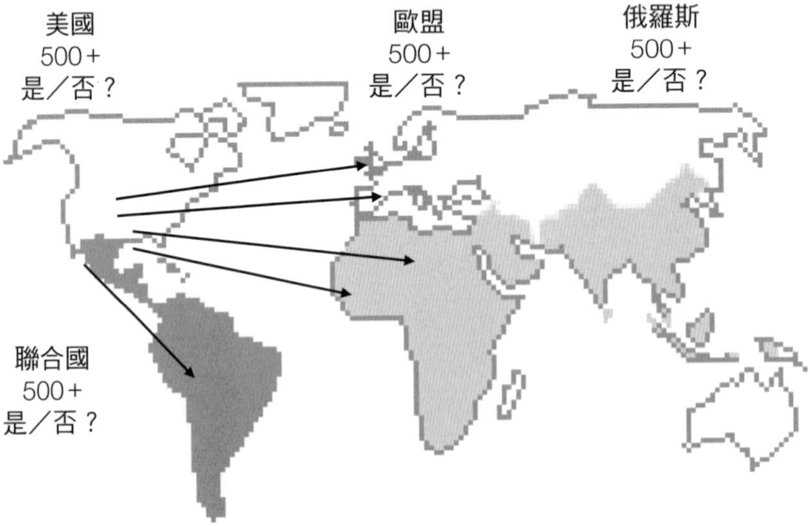

全球意識能級校準

法量測出能級校準值，就無法勝任該職務。請使用搖擺工具或肌肉動力學進行測試。

二〇〇是真實與誠信的水平，三一〇是意願與靈感，四〇〇是理解與智慧，五〇〇是愛與天啟，五四〇是無條件的愛、一體性與寧靜，六〇〇是和平、覺性和完美，七〇〇是純粹的意識、融合內在神性自我、處在融會貫通的和諧狀態。

附錄——

潔絲慕音大事紀年表

潔絲慕音的主要服務議題是提升意識，以創造健康、和諧的世界。為了支持這個目標，她成為以十八種語言出版的三十八本靈學著作的作者；和平大使館的創辦人兼該館的「個人及全球和宇宙和諧計畫」（Personal, Global & Universal Harmonization Projects）的執行人；她也是代表聖母頻率行星和平計畫的和平大使；提倡普拉納生活和消滅全球飢餓；談論靈學、揚升與交互次元能量場科學的國際演講人。潔絲慕音也是頗具爭議性的普拉納滋養實相的領先研究者，兼「閉黑關」（Darkroom Training）的推動人；自我賦能學院（Self Empowerment Academy）的創辦人；宇宙網際網路學院C.I.A.（Cosmic Internet Academy）的推動人；出版人兼影片製作人；呈現神聖藝術靜心營（Sacred Art Retreat）的藝術家、音樂家兼印度邦加羅爾（Bangalore）金字塔谷（Pyramid Valley）全球大會（Global Congress）主席。

潔絲慕音是一位靜心四十二年以上的禪修者，印度全球靈性科學家大會（GCSS）的終生主席，專門研究運用具煉金作用的靜心過程，進行深度的內在旅程，使大眾得以更深入地融合自己的開悟本質。她身為和平大使館的和平大使，已旅行各地二十多年，在世間達成許多正向的事，包括與哥倫比亞、亞馬遜河流域的部落文化合作，也與巴西的貧民窟合作，另外更與政府的各個層級合作，包括二〇一三年在維也納的聯合國大樓再度發表她的畢生志業。

這整段期間，她一直經由開發與內在神性資源強力連結的能力，大力幫助教育數百萬大眾更加善用地球資源，而她本人則是從一九九三年開始，就一直得到普拉納的滋養，二十多年來都不需要攝取實體食物。今年巡迴演說期間，她將針對這點與大家分享她的最新研究、提供更加深刻的連結與洞見，深入洞悉餵養我們全體的「純愛」頻道的力量、討論自然療癒，外加根據與她合作的神聖女性（Divine Feminine）與光體（Light Beings）等等的看法，討論我們在地球上的演化現況。潔絲慕音是個深度平和的人，她輕鬆愉快、寓教於樂、總是充滿著愛，而她的聚會總是鼓舞人心。

個人網頁如下：www.jasmuheen.com

潔絲慕音大事紀年表

- 1957——誕生於澳洲，父母是挪威移民。
- 1959——開始關注素食主義。
- 1964——開始研究氣。
- 1971——發現光的語言。
- 1974——得到啟蒙，踏入古吠陀靜心與東方哲學。
- 1974——開始週期性斷食。
- 1974——發現了心靈感應的能力。
- 1975-1992——扶養小孩、研究並應用靈學、享受了十年金融與電腦程式設計的職業生涯。
- 1992——從企業界退休，追求形而上的生命。
- 1992——邂逅許多煉金大師，包括淨光兄弟會（Great White Brotherhood）的成員、來自大角星（Arcturius）與世界會議星際聯邦（Intergalactic Federation of World's Council）的高頻光科學家（Higher Light Scientist）。
- 1993——經歷普拉納啟蒙儀式，以此增進自己的氣流，並開始以光維生。
- 1994——展開一份長達十四年的深入研究計畫，探討神性養分與普拉納滋養。
- 1994——與揚升大師們一起展開她的全球服務議題。
- 1994——從揚升大師處接收到五冊通靈訊息的第一冊。
- 1994——撰寫靈學手冊《與眾神共振》（*In Resonance*）。
- 1994——在澳洲創辦「自我賦能學院」。
- 1994——開始教授靈學與自我成就（Self Mastery）課程
- 1994——著手《共振的藝術》（*The Art of Resonanc*）時事通訊，後來重新命名為《艾拉妮絲之聲》（*The ELRAANIS Voice*）。
- 1995——遊遍澳洲、亞洲和紐西蘭，分享「自我成就」的研究。
- 1995——撰寫《來自普拉納的滋養——新千禧世紀的身體養分》（又名《以光維

生》)。

- 1996——應邀至全球舞台發表「普拉納滋養」的研究。
- 1996——開始與全球媒體一起展開一份徹底的再教育計畫。
- 1996——在三十三個國家建立國際M.A.P.S.大使館，舉辦全球增額靈性管理選舉，由每一個國家的人民選出自己的靈性督察，例如，耶穌基督、佛陀等等。
- 1996——建立C.I.A.(宇宙網際網絡學院)免費網站，可以下載正向的個人與行星進程資料。網站地址：www.selfempowermentacademy.com.au
- 1996-2001——帶著《回歸伊甸園》(*Back to Paradise*)議題遊遍歐洲、英國、美國、巴西。
- 1996-2014——藉由全球媒體對十億多人談到神聖力量與神性養分。
- 1997——著手為《以光維生》建立符合科學的研究計畫。
- 1997——展開《燦爛繁華三部曲》(*Our Camelot Trilogy*)，撰寫《神聖煉金術的遊戲》(*The Game of Divine Alchemy*)。
- 1997——成立M.A.P.S.大使館聯盟，參與的人們皆致力於全球和諧與和平。
- 1998——巡迴國際，分享「完美無瑕的法門議題」(Impeccable Mastery Agenda)。
- 1998——撰寫《我們的後代——X新世代》(*Our Progeny – the X-Re-Generation*)。
- 1999——撰寫《巫婆的工具箱》(*Wizard's Tool Box*)，後來成為「生物場與喜樂」系列。
- 1999——撰寫《與內在神性自我共舞：媒體狂躁、掌管與歡樂》(*Dancing with my DOW: Media Mania, Mastery and Mirth*)。
- 1998-1999——撰寫並出版《光之大使——世界健康與飢餓專案》(*Ambassadors of Light – World Health World Hunger Project*)。
- 1999——開始聯繫全球政府，討論飢餓與健康的解決之道。
- 1999——巡迴國際，分享「伊甸園藍圖」(Blueprint for Paradise)。
- 1999-2001——開辦M.A.P.S.大使國際培訓靜心營。
- 2000——「與神性共舞」國際巡迴，目的在推動在二十八座重要城市選舉乙太政府，同時分享「甜美生活型態計畫」（L.L.P.）。

- 2000-2001——撰寫《漫遊伊甸園》（*Cruising Into Paradise*），這是一本適合圈內人翻閱的大開本精裝書。
- 1999-2001——撰寫《神性光輝——與魔法大師同行》（*Divine Radiance – On the Road with the Masters of Magic*）。
- 2001——撰寫《四體健美：生物場與喜樂》（*Four Body Fitness: Biofields and Bliss*）第一冊。
- 2000-2001——發起OPHOP議題，「一家人和諧共存在一顆星球上」。
- 2001——撰寫《共創天堂：生物場與喜樂》第二冊（*Co-Creating Paradise: Biofields and Bliss*）。
- 2001——發起「千禧年後的處方二〇〇〇」（Recipe 2000），作為為地球全體共創健康與快樂、和平與豐盛的工具。
- 2002——開辦www.jasmuheen.com，發起「完美相映完美行動全人教育課程」（Perfect Alignment Perfect Action Holistic Education Programs），以及網站的I.R.S.焦點，以此唆使（Instigate）、記錄（Record）、概述（Summarize）人類的天堂共同創作。
- 2002——完成「神性光輝四體健美——合一2002」（Divine Radiance FOUR BODY FITNESS – Unity 2002）世界巡迴。
- 2002——接收、撰寫並出版《聖母頻率行星和平計畫》（*The Madonna Frequency Planetary Peace Program*）電子書，這是「生物場與喜樂」第三冊。
- 2002-2003——撰寫《眾神的食物》（*The Food of Gods*）。
- 2003——世界巡迴演說「神性養分與聖母頻率行星和平計畫」。
- 2004——撰寫《愛的法則》（*The Law of Love*），然後帶著「愛的法則與自由的驚人頻率」議題巡演。
- 2005——撰寫《和諧的療癒與不死之道》（*Harmonious Healing and The Immortals Way*），然後帶著「和諧的療癒」議題巡演。
- 2005——開始致力於《不死之道的自由》（*The Freedom of the Immortals Way*），加上

繼續為第三世界國家撰寫《魔法王國》（*The Enchanted Kingdom*）三部曲與《普拉納課程》（*The Prana Program*）。

- 2005——11月在維也納聯合國大樓針對「有意識生活的社會」提出「普拉納課程」。
- 2006——帶著「普拉納課程」國際巡演。
- 2007——國際巡演聚焦於「基督再臨」（THE SECOND COMING）與「二度之舞」（SECOND CHANCE DANCES）。
- 2007——7月7日發起「和平大使館」，展開「和平大使」與「愛的外交官」培訓課程。
- 2007——發表著作《巴西的喜樂與基督再臨》（*The Bliss of Brazil & The Second Coming*）。
- 2008——在撰寫《駭客帝國的女王》（*The Queen of the Matrix*）之後六年，發表「魔法王國」系列《心與福地的國王》（*The King of Hearts and Elysium*）。
- 2008——帶著「未來世界未來人類」議題巡演，在印度展開更加繁忙緊張的工作。
- 2008——印度邦加羅爾金字塔谷靈性科學家全球大會的指定主席。
- 2008——發表大開本精裝書《聖景與願景之詩》（*Sacred Scenes & Visionary Verse*）以及《漫遊伊甸園》（*Cruising Into Paradise*）。
- 2009——為和平大使館發表《宇宙和諧計畫》（*Universal Harmonization Program*）並帶著此計畫巡演，將研究焦點放在地球以外的智能。
- 2009——發表著作《靜心的魔法》（*Meditation Magic*）。
- 2009——開始撰寫《宇宙流浪者》（*Cosmic Wanderers*），「魔法王國」系列第四冊。
- 2010——潔絲慕音繼續她在南美洲與印度的工作，帶著「天堂之心與普拉納生活的和聲」（Harmonics of the Heavenly Heart & Pranic Living）議題巡演。
- 2010——從2009至2011年，潔絲慕音將焦點放在她的YouTube頻道，提供免費影片供教育與娛樂之用，外加建立教育DVD、藝術和音樂。潔絲慕音的YouTube頻道目前已有超過五百支的免費教育影片。http://youtube.com/jasmuheen
- 2011——發表她的《和平實用之路》（*Pathways of Peace Pragmatics*）著作，然後針對這個主題巡演並提供她的YouTube影片。

- 2011——撰寫然後發表她的兒童系列新作《蓆莉安娜的探險——地球》(*Siriana's Adventures – Earth Bound*)。
- 2012——發表《成為本質》(*Being Essence*)小冊子，這是潔絲慕音世界巡演的焦點。同年完成了著作「魔法王國」系列第四冊《宇宙流浪者》以及旅行日記《愛的節奏》(*The Rhythems of Love*)。兩者都在2012年底發行。
- 2012——11月1日，在土耳其伊斯坦堡的世界和平日大會分享和平大使館的工作。
- 2013——焦點放在她的「肯定議題」(YES Agenda)，主題在於經由潔絲慕音的「和平範型與計畫」(Peace Paradigms and Programs)「升級」全球所有的操作系統。
- 2013——發表她的《由外而內或由內而外或兩者得兼的進食——宇宙微燃料》(*Feeding from the Outside in or the Inside Out or both – Cosmic Micro-Fuel*)滋養系統。
- 2013——10月24日，回到維也納的聯合國更新她的宇宙微燃料計畫。
- 2014年，她為組織成員發起了第一屆和平大使館靜心營，分享「甜美生活型態計畫」以及「十二種和平之路」(12 Pathways of Peace)。
- 2014——潔絲慕音著手她的著作《純淨的愛頻道與它的完美模板》(*The Pure Love Channel with its Templates of Perfection*)，並帶著這個主題巡演。

潔絲慕音的著作目前已有十八種語言的出版品。

BX0012

普拉納課程：食氣三部曲2

The Prana Program: Effective & Enjoyable Evolution

作　　者　潔絲慕音（Jasmuheen）
譯　　者　繆靜芬
責任編輯　田哲榮
協力編輯　朗慧
封面設計　黃聖文
內頁排版　李秀菊
校　　對　蔡函廷

發 行 人　蘇拾平
總 編 輯　于芝峰
副總編輯　田哲榮
業務發行　王綬晨、邱紹溢
行銷企劃　陳詩婷
出　　版　橡實文化 ACORN Publishing
地址：10544臺北市松山區復興北路333號11樓之4
電話：02-2718-2001 傳真：02-2718-1258
網址：www.acornbooks.com.tw
E-mail：acorn@andbooks.com.tw
發　　行　大雁出版基地
地址：10544臺北市松山區復興北路333號11樓之4
電話：02-2718-2001 傳真：02-2718-1258
讀者傳真服務：02-2718-1258
讀者服務信箱：andbooks@andbooks.com.tw
劃撥帳號：19983379 戶名：大雁文化事業股份有限公司

印　　刷　中原造像股份有限公司
初版一刷　2016年9月
初版四刷　2021年7月
定　　價　420元
ISBN　978-986-5623-58-6（平裝附光碟片）

國家圖書館出版品預行編目資料

普拉納課程：食氣三部曲2／潔絲慕音（Jasmuheen）著；繆靜芬譯. -- 初版. -- 臺北市：橡實文化出版：大雁文化發行, 2016.09
面；　公分
譯自：The prana program: effective & enjoyable evolution
ISBN 978-986-5623-58-6（平裝附光碟片）
1. 靈修
192.1　　105013411